ALLGÄU

sehen & erleben

ALLGÄU

Fotografie Gregor M. Schmid
Text Manfred Pielmeier

SCONTO

Inhalt

Das Allgäu in Bildern. Die Aufnahmen der Inhaltsseiten zeigen im Uhrzeigersinn eine Allgäuer Viehweide (oben), die Landschaft um Füssen, einen Drachenflieger beim Tegelberg und Teilnehmer des Tänzelfestes in Kaufbeuren.

Seite 2/3: Viehherde bei Lindenberg

Am Sonntag vor Kirchweih findet alljährlich vor der Wallfahrtskirche St. Koloman bei Schongau der traditionelle Kolomansritt statt. Dem Patron der Tiere zu Ehren werden alte Pferdefuhrwerke prachtvoll geschmückt (links). Nach dem Segen für Roß und Reiter trifft man sich zu einem zünftigen Imbiß (oben).

Vorhergehende Doppelseite: Bei guter Fernsicht bietet sich vom 1055 Meter hohen Auerberg ein herrlicher Ausblick auf die Allgäuer Alpen.

Für Touren auf die Mädelegabel (oben) und das Fellhorn (rechts) sollte man neben einer bergsteigerischen Ausrüstung auch eine gute Kondition mitbringen. Der schweißtreibende Aufstieg wird jedoch durch den grandiosen Ausblick auf die Gipfel des Alpenhauptkamms belohnt.

Allgäu – das Land zwischen Bodensee und Lech

Nirgendwo gibt es so viele Klöster und Kirchen wie in der Gegend zwischen Weilheim und Schongau, und an Feiertagen zelebrieren die Geistlichen in vollem Ornat das Hochamt (hier in Bernbeuren).

Die Landschaft

Allgäu, das ist eine gleißende, vielgestaltige Landschaft aus versteinertem Meeresboden und eiszeitlichen Moränenhügelketten, durchströmt von Flüssen und Flüßchen, die ihre Wasser alle in die Donau einbringen. Es ist eine Landschaft, in deren Becken sich tiefblaues Gletscherwasser sammelt, deren Täler, Tobel und Schluchten von den Schmelzwassern der Gletscher, die sich in den Eiszeiten vom Gebirge her in das Land vorgeschoben hatten, in jahrtausendelanger Wühlarbeit eingeschliffen wurden. Vom eisigen Gefängnis der Gletscher befreit, erblühte dieses Land zu einem kleinen irdischen Paradies aus Wiesen- und Wäldergrün, aus Blumenpracht und Artenvielfalt, durchwoben von Kräuterduft, belebt vom Reichtum einer vielgestaltigen Tierwelt.

Wie der Name Allgäu auf seinem Weg durch die Geschichte weder gebietsmäßig noch den Herrschaftsverhältnissen nach etwas Festgeschriebenes, eindeutig Umrissenes war, so ist auch die Landschaft des Allgäus nicht etwas starr Eintöniges, sondern Wandel in vielfältiger Gestalt und Form, Wandel auch in seinem jahreszeitlichen Erscheinungsbild, dem das Klima seinen jeweiligen Stempel aufdrückt.

Das nördliche Allgäu, das in Buchloe, Mindelheim, Memmingen, Leutkirch seine Grenzorte ausweist, ist eine Landschaft der langen Hügelrücken im Iller- und Lechbereich mit ausgedehnten Wäldern, breithinwellenden Weideflächen, die sich nach Südwesten hin, dort, wo sich die Iller zwischen Krugzell und Lautrach durch die Jung- und Altmoränen zwängt, zu steileren Hängen aufschwingen, bis zur lebhaft bewegten Hügellandschaft im Westallgäu. Das Unterallgäu ist im ganzen eine oft flacher wirkende Landschaft mit vielen kleinen Idyllen, die der findet, der über die flachen Hügel und die breiten Bach- und Flußtäler entlangwandert. Landschaftlich reicher gegliedert, vielgestaltiger in der Form und abwechslungsreicher im Ausdruck ist der Ostallgäuer Bereich. An die Terrassenfelder der Iller-Lech-Platte reihen sich die Hügel einer belebten Moränenlandschaft um Marktoberdorf, die nach Süden verlaufend in das Seengebiet um Füssen übergehen. Dahinter wuchtet sich das Tannheimer Gebirge zu einem wallartigen Abschluß hoch. Ein grandioses Bild, eine Augenweide für den, der einen Blick für die Landschaft hat. Mächtiger, hochaufragender ist die Oberallgäuer Landschaft mit dem Halbrund einer Bergkette, die sich wie der Teil eines Amphitheaters um das Oberstdorfer Becken von Osten nach Westen erstreckt; ein überwältigendes Panorama der Himmelsstürmer, der Berge, die wie der Hochvogel, der Krottenkopf, die Mädelegabel, der Widderstein über 2500 Meter hinausragen.

Einschneidende Täler, bald breiter, dann wieder zu Schluchten oder gar zur wildromantischen Klamm verengt, laufen strahlenförmig auf die Beckenlandschaft zu, führen die Bergwasser der Breitach, Stillach und Trettach dorthin, wo sie sich zur nordwärts strömenden Iller vereinen. In der Breitachklamm wird die Urkraft des Wassers erlebbar. Und wenn das Wort vom »Ruf der Berge« je eine Bedeutung hat – in Oberstdorf ist er angesichts dieser majestätischen Alpenwelt unüberhörbar.

Allgäu, das ist eine Landschaft im Wandel der Jahreszeiten, ist eine Flora, die der Frühling in Löwenzahngelb taucht, ist das Blumenmeer des Sommers, das aus den Tälern zu den Bergen hochwächst, eine Pracht, die mit Namen wie Enzian, Edelweiß, Berganemone, Aurikel nur angedeutet werden kann, ein Blumenmeer, dessen seltene Vertreter längst dem Naturschutz unterstellt wurden, um sie dem menschlichen Zugriff, dem oft Gedankenlosigkeit und Unkenntnis zugrunde liegen, zu entziehen.

Allgäu, das sind die saftig-grünen Weiden des Sommers, die sich oft bis weit in die Berge hinstrecken, die mit dem Grün der Wälder, die der Niederschlagsreichtum des Allgäus dem Boden entlockt, die Landschaft zu Variationen in Grün macht. Allgäu ist eine in Farben schwelgende Herbstlandschaft, letztes verschwenderisches Aufbegehren der Natur, bevor sie der Winter unter seiner eisig-weißen Decke vorübergehend bis zum Neubeginn verschwinden läßt. Allgäu, gewandelt zur Winterlandschaft, ist ein weißer Traum an Tagen azurblauen Himmels, ist eisglitzernde Helle, aber auch kalte Abweisung an verhangenen Tagen. Allgäu ist Wandel von Tag zu Tag, verändert stets vom wechselnden Licht.

Wanderung durch die Geschichte

Die Geschichte des Allgäus führt uns bis in die Zeit um 1200 v. Chr. zurück. Am Nordrand der Alpen tauchten als erste uns bekannte Siedler die Illyrer auf. Flüchtlinge aus dem Bereich des heutigen Ungarn waren es, die eine neue Heimat suchten und sie am Fuße der Alpen fanden.
700 Jahre später wurden sie von den aus dem Westen her eindringenden Kelten abgelöst. Auf diese geht die Gründung Kemptens und der Name Cambodunum zurück, den die Römer später als neue Herren übernahmen. Hauptstadt der römischen Provinz wurde Augusta Vindelicorum, das heutige Augsburg. Die Spur der Kelten findet sich heute noch in den Orts- und Gewässernamen, auch im Allgäu, als Nachhall einer versunkenen Epoche. Später, etwa 300 n. Chr., waren es die Römer, die ins Räderwerk der Geschichte gerieten. Von Norden her drangen dann die Alemannen vor, durchbrachen den Grenzwall des Limes, zerstörten Cambodunum und machten sich das Land untertan, wenngleich sich Reste der Römer bis ins 5. Jahrhundert halten konnten.

Den Alemannen erwuchs bald ein mächtiger Gegner: die Franken. Zunächst konnte sie der Ostgotenkönig Theoderich noch in Schutz nehmen, aber schließlich gerieten sie doch unter fränkische Herrschaft, die dann volle 400 Jahre währen sollte.
In dieser Zeit wurden die Alemannen christianisiert. Danach haben zwei Missionare ihre Namen unauslöschlich in die Missionsgeschichte der Allgäuer eingeschrieben: St. Gallus, der Gründer des Klosters St. Gallen, und der vom Volk verehrte Heilige des Allgäus, St. Mang. Zur selben Zeit wurden die Alemannen politisch eingegliedert. Zunächst kam es unter fränkischer Herrschaft zur Bildung eines alemannischen Herzogtums, das aber später in Gaue eingeteilt wurde, um die Macht der Herzöge zu schwächen. Einer dieser Gaue im Raum von Sonthofen, Tischen und Oberstdorf wurde 817 urkundlich erwähnt.
Erst nach dem Zerfall des fränkischen Reichs schoben sich die Stammesherzöge wieder in den Vordergrund, womit sicher auch die Abwehrkämpfe gegen die Ungarn etwas zu tun hatten. Eine nicht zu übersehende Machtposition errangen sich einige der Klöster, die zu Beginn des 9. Jahrhunderts gegründet worden waren. Dazu zählten Ottobeuren, Kempten, Wettenhausen und das Hochstift Augsburg, das seit 1059 neben der Reichsstadt Augsburg große Teile des schwäbischen Landes beherrschte. In der Folgezeit, in der die schwäbischen Staufer die Geschicke des Reiches leiteten und noch einmal die Vormachtstellung des Kaisertums und des Heiligen Römischen Reiches ermöglichten, stieg auch die Bedeutung ihrer ostschwäbischen Besitzungen: Isny, Wangen, Kempten, Leutkirch, Memmingen und Kaufbeuren erhielten das Stadtrecht. Bemerkt sei, daß sie noch außerhalb des damaligen Allgäus lagen, das sich bis zum 13. Jahrhundert nur wenig nach Norden ausgedehnt hatte.

Die Reichsstifte und Reichsstädte schlossen sich im 14. Jahrhundert zum Schwäbischen Städtebund zusammen, um vom Kaiser und den Fürsten nicht übervorteilt zu werden. Bayerische Städte schlossen sich an. Als Herzog Friedrich von Niederbayern aus Verärgerung darüber, daß der Erzbischof von Salzburg dem Städtebund beigetreten war, den Erzbischof Pilgrim von Salzburg 1387 festnehmen ließ, kam es 1388 zum Krieg. Der Städtebund verwüstete große Teile Bayerns, doch dieser Triumph bedeutete gleichzeitig sein Ende. Der Kaiser befahl nämlich die Auflösung des Bundes.

Die Revolution der Bauern

Ein blutiges Kapitel schrieb das 16. Jahrhundert mit der Revolution der Bauern, die unter dem Namen »Bauernkrieg« bekannt wurde. Seine eigentliche Ursache war die Notlage der Bauern, die bedingt war durch die Verstärkung des feudalen Jochs, durch zahlreiche Abgaben und Dienstleistungen, die zu erbringen waren, deren Maßlosigkeit oftmals den existentiellen Ruin des Bauern bedeutete.
Die Unruhen begannen nicht im Allgäu, sondern in Bamberg, danach verstärkt in der Grafschaft Stühlingen. Angeregt von Thomas Müntzer, einem Prediger, der den radikalen Umsturz des kirchlichen und politischen Lebens forderte, hatte ein Hans Müller Stühlinger Bauern um sich versammelt und mit ihnen eine Evangelische Bruderschaft gegründet, die sich die Befreiung aller deutschen Bauern zum Ziel setzte. Diese Bewegung wuchs sehr rasch. Bereits Ende 1524 weigerten sich rund 30 000 bewaffnete Bauern, Abgaben und kirchlichen Zehent zu zahlen. Im Frühjahr 1525 brach etwa gleichzeitig in einem Dutzend von Orten die Revolte aus; unter anderem in Heilbronn, Rothenburg, Würzburg und Frankfurt. Fast das ganze Herzogtum Franken

Drei Faktoren, die jeder mit dem Allgäu verbindet: Berge (links, Blick auf den Widderstein), grüne Wiesen (oben) und Milchkühe (unten).

Nicht leicht zu bezwingen: Die Besteigung der Mädelegabel erfordert Trittsicherheit, Schwindelfreiheit und Ausdauer; sie liegt südlich von Oberstdorf an der Grenze zu Österreich.

schloß sich den Aufständischen an. Und im Allgäu? Dort hatten sich die Bauern zu verschiedenen Haufen formiert: Es gab, um nur einige zu nennen, den Grünebacher, Sonthofener, Seeger, Wertacher und Lindenberger Haufen. Gesammelt traten sie als Allgäuer Haufen auf. In den Auseinandersetzungen schaukelten sich bald die Grausamkeiten in schauerlicher Weise hoch. Der erste ernste Zusammenstoß fand am 4. April 1525 bei dem Städtchen Leipheim in der Nähe von Ulm statt. Diesem Auftakt folgte ein Blutbad nach dem anderen.

Das Fazit dieses Bauernaufstands wurde mit seinen blutigen Ergebnissen später nur noch vom Dreißigjährigen Krieg übertroffen: 130 000 Bauern verloren teils im Krieg, teils durch die Rächer ihr Leben.

Im Bereich des Schwäbischen Bundes gab es allein schon 10 000 Hinrichtungen, wovon 1200 Opfer geköpft zu haben sich der Scharfrichter des Truchsessen von Waldburg gerühmt haben soll. Die bäuerliche Wirtschaft lag schwer darnieder, die Leibeigenschaft wurde zur allgemeinen Erscheinung in Deutschland und strenger gehandhabt. Die Gründe für diesen katastrophalen Ausgang der Revolte lagen in der Unfähigkeit der Bauern und Proletarier, einen Weg zu gemeinsamen Aktionen zu finden, aber zusätzlich auch noch im Versagen der Städte. Seit dem Bauernkrieg hatte sich das Allgäu auf eine Fläche ausgeweitet, die größer war als das Gebiet, das wir heute mit Allgäu bezeichnen. Bis ins 19. Jahrhundert hinein erstreckte es sich bis zum Bodensee, zum Fluß Schussen, zur Donau, zum Lech und bis zu den Alpen.

Der Dreißigjährige Krieg

Den Bauernkrieg als seinen kleineren »blutigen Bruder« übertraf, wie erwähnt, nur noch der Dreißigjährige Krieg. Mit Plünderung und Brandschatzung, Totschlag und Mord, mit der Pest im Gefolge ging er auch im Allgäu für 30 lange Jahre zur Tagesordnung über. Kaum ein Dorf, kaum eine Stadt blieb verschont. Und im Gefolge des Krieges kamen Verrohung, Verfall der Sitten, Auszehrung und Leid.

Pestkapellen – heute noch im ganzen Lande verstreut – und Pestfriedhöfe sind der verbliebene Trauerflor des Landes, der als Mahnung zum Frieden verstanden werden sollte. In der Chronik welchen Ortes man auch blättert, immer stößt man auf die Heerstraße jenes Krieges. Betroffen stellt man fest, daß zum Beispiel von den 6000 Einwohnern, die die Freie Reichsstadt Kempten im Jahr 1618 zählte, nach 30 Jahren nur noch 900 überlebt hatten.

Das 18. Jahrhundert

Wenn auch das 18. Jahrhundert als eine entspanntere Zeit betrachtet wird, in der viel und überall gebaut wurde, vor allem aber von den Klöstern und Stiften, so war

dieses Säkulum doch nicht ganz frei von kriegerischen Klängen. Gleich zu Beginn nistete sich von 1701 bis 1713/14 der Spanische Erbfolgekrieg ein, der Frankreich die Vorherrschaft in Europa bringen sollte. Den Allgäuern brachte er Einquartierung von Truppen und Opfer an Lebensmitteln. Buxheim war beispielsweise als Hauptquartier für Max Emanuel vorgesehen. Die vorausschauenden Mönche hatten sicherheitshalber wertvolles Kirchengut und Urkunden nach Tirol schaffen lassen.
Im Allgäu wurden auch die Hausmachtkämpfe der Wittelsbacher ausgetragen. Dabei gelang es diesen, die bayerische Herrschaft über Mindelheim und Illertissen zu erringen. Die Österreicher wiederum konnten sich im Westallgäu ausbreiten.
Ein Kleinkrieg anderer Art fand zwischen den Staatshütern und einer Räuberbande statt. Führende Figur war der Räuberhauptmann Mathias Klostermeyer, den das Volk den »bayerischen Hiasl« nannte. 300 Soldaten und eine Meute von Fanghunden mußten zu seiner Ergreifung aufgeboten werden. Schließlich gelang es, ihn zu fangen. In Dillingen an der Donau wurde er 1771 gerädert und gevierteilt.
Mit dem Paukenschlag der Französischen Revolution endete das 18. Jahrhundert, und das 19. Jahrhundert begann. Die Säkularisation wurde für die Klöster zur »Vertreibung aus dem Paradies«. Klöster und Kirchen wurden verkauft, umfunktioniert zu Wohnungen, Zuchthäusern und Schrannenhallen. Die Auktion hatte Hochsaison. Unter den Hammer kamen Kirchengeräte und Pretiosen verschiedenster Art. Die Sammlungen der Klosterbibliotheken wurden in die Städte gebracht, dort verkauft oder schlimmstenfalls Papierfabrikanten ausgeliefert.
Und dann kam es zum Reichsdeputationshauptschluß: Bayerns Kurfürst wird König und erhält von Napoleon das schwäbische Land von der Donau bis zum Bodensee zugesprochen. Bayerische Beamte, die nun in den ehemaligen Residenzen ihre Amtssitze einnahmen, veranlaßten, daß Kunstschätze nach München gebracht oder versteigert wurden. Es schien, als habe der totale Ausverkauf des Allgäus begonnen.
Dennoch zeigte die Wirtschaft eine gegenläufige Tendenz: Es ging erstaunlicherweise steil aufwärts. Vom Flachsanbau des blauen Allgäus wechselte man auf die Weide- und Milchwirtschaft des grünen Allgäus um. Dies war wesentlich das Werk eines Schweizer Senners. Johann Althaus brachte den Allgäuern bei, wie die Schweizer Käse, vor allem Emmentaler, herstellten.
Dieser Entwicklung kam eine Allgäuer Besonderheit zustatten, nämlich der Einödhof. Das ist ein Bauernhof in freier Landschaft, umgeben von den Feldern des hofeigenen Besitzes.
Solche Höfe gab und gibt es im Allgäu in großer Zahl, weswegen man von »Vereinödung« spricht. Beabsichtigt waren damit

Erst abends kehrt am Fellhorn Ruhe ein; im Winter tummeln sich hier tagsüber zahlreiche Skifahrer, im Sommer ist es ein beliebter Startplatz für Drachenflieger.

Arbeitsersparnis und bessere Erträge. Für die neue Entwicklung im Sinne der Milch- und Käsewirtschaft bedeutete das einen erleichterten und rationellen Umstieg auf Grünlandflächen. Letztendlich gipfelte diese Entwicklung dann in der Gründung der Butterbörse in Kempten.

Kunst und Kultur

Das Allgäu ist eine Fundgrube an Kunstwerken, die wir bis ins kleinste Dorf hinein antreffen. Trotzdem ist es weniger Kunstzentrum als belieferter, von außen gespeister Kunstraum, weil es kein eigenständiges, bedeutendes Kunstzentrum besitzt.
Wenn in der Spätgotik das Verhältnis einheimischer zu auswärtigen Künstlern sich die Waage hielt, weil da ein Ivo Strigel aus Memmingen, ein Jörg Lederer aus Füssen, ein Hans Multscher aus Reichenhofen bei Leutkirch, ein Erhart, ein Jörg Syrlin und andere waren, so veränderte sich im Barock die Situation grundlegend. Auf der langen Liste bedeutender Baumeister des 17. und 18. Jahrhunderts finden wir allen voran die Wessobrunner. Bad Wörishofen, Buxheim und Ottobeuren tragen die Handschrift der Brüder Zimmermann, der Schülerkreis um Johann Georg Bergmüller in Augsburg schuf den wesentlichen Teil der Fresken in den Allgäuer Kirchen. Der Landsberger Bildhauer Lorenz Luidl und der Friesenhofer Konrad Hegenauer schufen hervorragende Plastiken, und den Zeillers aus Reutte in Tirol verdankt das Allgäu manches herrliche Altarblatt.
Wenn auch das Allgäu selbst namhafte Künstler hervorbrachte, die weit über die Grenzen ihrer Heimat hinaus Rang und Namen hatten, wie den Füssener Bildhauer Anton Sturm und den ebenfalls aus Füssen stammenden Baumeister Johann Jakob Herkomer und dessen Neffen Johann Georg Fischer, wie weithin Künstler aus Pfronten und Künstlerfamilien aus Memmingen – ausgewogen war das Verhältnis bei weitem nicht. Die Zersplitterung des All-

An der Romantischen Straße zwischen Peiting und Steingaden bietet sich dieser Panoramablick auf die schneebedeckte Alpenkette. Typisch für das Allgäu sind die kilometerlangen Viehzäune, die das ganze Land unterteilen.

Große Einödhöfe (hier bei Füssen) sind ein prägendes Element der Allgäuer Landschaft. Heute sind sie beliebte Ferienziele für Familien mit Kindern, die einmal »Urlaub auf dem Bauernhof« machen wollen.

gäus in viele Herrschaftsgebiete, wie sie zur damaligen Zeit gegeben war, mag politisch ein großes Handicap gewesen sein, für die Kunstszene hatte sie ihr Gutes, wetteiferten doch die weltlichen und kirchlichen Herren hinsichtlich der glanzvollen Gestaltung ihrer Residenzen, was den Künstlern ausreichendes Brot und Auskommen, dem Allgäuer Land reichlich Kunst bescherte, wenn diese auch oft nicht von einheimischen Künstlern stammte. Genauer gesagt waren die Träger der künstlerischen Produktivität im Allgäu vorwiegend die Reichsstädte wie Kempten, Memmingen und Kaufbeuren, während in kleineren Städten wie etwa Füssen die Kontinuität künstlerischen Schaffens ganz einfach fehlte.

Es waren also die obengenannten Reichsstädte, in denen in den ersten Jahren des 15. Jahrhunderts neue Malerateliers und Bildhauerwerkstätten eingerichtet wurden. Deren Erzeugnisse gelangten über die Landesgrenzen hinaus vor allem ins obere Inntal, nach Südtirol und Vorarlberg.

Die Künstlerfamilie Strigel

Nach dem gegenwärtigen Stand des relativ jungen Zweigs der Kunst- und Künstlererforschung im Allgäu dürfte der erste faßbare Künstler der Maler und Bildhauer Hans Strigel d. Ä. sein. Er ist der Stammvater einer Familie, die sich mehrere Generationen hindurch wegen ihres künstlerischen Schaffens einen Namen gemacht hat.

Die Geburtszeit und der Geburtsort Hans Strigels sind noch nicht genau festgestellt. Es wird angenommen, daß er um 1405 im östlichen Allgäu geboren wurde. Auch über seinen Werdegang als Künstler weiß man nichts Genaues. Urkundlich ist er erstmals 1430 im Memminger Stadtbuch wegen Kaufs eines Hauses aufgeführt. Bis zu seinem Tod blieb Hans Strigel dann Bürger Memmingens.

Nur drei vollständige Altäre blieben erhalten: Der Schreinaltar der Pfarrkirche St. Leonhard, der berühmte Altar in der Kapelle St. Stefan in Zell bei Oberstaufen und ein

Ein »uriger« Allgäuer, der als Senner auf einer Alm bei Steibis den Sommer verbringt. Die Bevölkerung des Allgäus gehört zur alemannisch-schwäbischen Volksgruppe und spricht alemannische Mundart.

Baldachinaltar, ein Seitenaltar einst in Zell, der jetzt im Bayerischen Nationalmuseum zu finden ist. Rund 100 Altäre sollen in seiner Werkstatt entstanden sein. Als Maler weisen ihn seine Wandbilder in der Memminger Martinskirche und in der Frauenkirche sowie verschiedene Altarbilder aus. Zwei weitere bedeutende Mitglieder der Künstlerfamilie waren Ivo und Bernhard Strigel.

Religiöse Traditionen

Die Seele des Allgäuers trägt das Brandmal des Christentums. Am Feuereifer der Missionare entzündete sich die Religiosität und Frömmigkeit des Allgäuers; die Feuer der Scheiterhaufen der Inquisition äscherten Glaube und Würde des Menschen ein. Es stimmt nachdenklich, daß Kempten es war, das den letzten Scheiterhaufen in Deutschland entfachte, daß dort die letzte vermeintliche Hexe verbrannt wurde.

Der historische Weg der Kirche durch das Allgäu ist gekennzeichnet durch steinerne Boten der Gläubigkeit: durch Kapellen, Kirchen und Klöster. Ihre meist kunstvolle Gestaltung und Ausstattung zeigen, daß der Allgäuer für sein Gotteshaus zu jeder Zeit zu finanziellen Opfern bereit war. Hätte sonst nach 30 Kriegsjahren, die das Land mit Hunger, Seuche und Tod überfrachteten, in Kempten, das auf 900 Einwohner geschrumpft war, die erste monumentale Klosteranlage fast unmittelbar nach dem Krieg geschaffen werden können? Wieviel Opferbereitschaft, aber auch wieviel Hoffnung mag diese Menschen erfüllt, wieviel Glaube mag sie beseelt haben!

Und da ist noch eine andere Erscheinung christlicher Prägung: Die Wundergläubigkeit des bäuerlichen Allgäus an seine Gnadenorte. Von dort erhofft sich der gläubige Pilger Hilfe aus seiner Not, Erlösung von irdischen Übeln, mit denen er als der Vergängliche geplagt ist. Die Wände der Gnadenstätten sind mit den das Leid darstellenden Votivtafeln, mit Bittschriften, oft ungelenk auf Zettel geschrieben, zur großen Anzeigetafel menschlichen Leids gestaltet. Doch an dieser Tafel findet der Gläubige auch Danksagung für gewährte Hilfe, für wunderbare Errettung aus den verschiedensten Notlagen. Sie sind die Hoffnungsträger, die die Wallfahrten immer wieder mit gläubiger Zuversicht auf Wunder ankurbeln und die dazu beitrugen und beitragen, daß es heute noch eine große Anzahl an Wallfahrtsorten im Allgäu gibt.

Passionsspiele in Waal

Eine Besonderheit des kirchlichen Lebens hat das Allgäu aufzuweisen, die nicht so augenfällig ist, weil sie im Schatten ihres großen Bruders, der Oberammergauer Festspiele, steht. Es ist dies der jahrhundertealte Brauch des kleinen Marktes Waal, der südöstlich von Buchloe zu finden ist, in bestimmten Zeitabständen Passionsspiele aufzuführen.

Waal ist ein beschaulicher Ort in idyllisch-bäuerlicher Landschaft, durchflossen von der Singold, die im Dorf von einer herrlichen Kastanienallee gesäumt wird. Schlendert man durch den Ort, steht man plötzlich vor einem auffälligen Bau, der an Größe fast alle übrigen Bauten des Dorfes, ausgenommen die Kirche, übertrifft. Und dann erfährt man, daß dies das Festspielhaus ist, in dem die Waaler ihre traditionelle Passion aufführen. Da drängt sich einem dann doch die Frage auf: Wie kommt ein so kleiner Ort mit seinen rund 1200 Einwohnern zu einem solchen Festspielhaus und wie überhaupt zu Passionsspielen, die doch die Oberammergauer weltweit für sich in Anspruch nehmen? Nun, die Erklärung kann jeder Dorfbewohner geben: Die Passionsspiele führen auf die große Pestzeit zurück. Doch das ist nur ein Teil der Ant-

wort. Dahinter steckt noch etwas anderes, nämlich die mittelalterliche Gepflogenheit, das Leiden und das Sterben Christi in ergreifendem Szenenspiel den Gläubigen nahezubringen. Als Spielort war die Kirche ausersehen, der Text wurde meist der Heiligen Schrift entnommen.
Das Waaler Passionsspiel läßt sich bis in das Jahr 1791 zurückverfolgen. Die Art des Textes weist durch seinen Aufbau auf ein früheres Entstehen zurück. Vermutet wird, daß das Passionsspiel in der Mitte des 17. Jahrhunderts seinen Anfang nahm. Das scheint auch plausibel zu sein, weil Waal damals als Wallfahrtsort bekannt war und der Dreißigjährige Krieg mit seinen schlimmen Auswirkungen ein solches Spiel geradezu inszeniert hat. Dazu kommt eine bei den Waalern feststellbare Spielfreude, die sich auch darin ausdrückt, daß neben der Passion bis heute immer wieder andere Spiele eingeschoben werden.
Dem Waaler Passionsspiel liegt ein Gelübde zugrunde, das auf die katastrophale Wirkung der Pest zurückgeht und das Versprechen beinhaltet, in bestimmten Zeitabständen die Lebens- und Leidensgeschichte des Herrn darstellen zu wollen.
Urkundlich wurde die Passion, wie bereits erwähnt, in der ältesten Fassung von 1791 aufgeführt. Danach brachte Pfarrer Langenmantel im Jahr 1815 eine neue Aufführung zustande, die sofort ein großer Erfolg wurde. 30000 Zuschauer kamen, um die Passion zu sehen, an der damals 160 Waaler Bürger mitwirkten. Für das Theatersäckel war es ein klingendes Spiel, denn es gingen immerhin 12000 Gulden ein. Die nächste große Passion wurde 13 Jahre später in einem Garten aufgeführt.
In den Folgejahren führten Streit und Zwistigkeiten unter den Waalern zur Umbildung der Theatergesellschaft. Nun wurden auch weltliche Spiele aufgeführt. Schließlich schien das Aus gekommen zu sein, als 1885 das Theatergebäude abbrannte. Das Gegenteil trat ein. Die zerstrittenen Parteien einigten sich, und so konnte 1894 ein neuer Bau eingeweiht werden. Die Spiele lebten weiter, überdauerten sogar die Nazizeit. Der Theaterbau, inzwischen baufällig geworden, wurde durch einen modernen Neubau ersetzt. Er ist das größte geschlossene Schauspielhaus in Südschwaben.

Links: Restauratoren haben im an Kunstschätzen reichen Allgäu alle Hände voll zu tun, um sie auch für die Nachwelt zu erhalten.
Rechts: Im Voralpengebiet, wo das Gelände für den Traktor zu steil ist, werden Güter oft noch in der sogenannten Kraxe, einem Rückentragekorb, transportiert.

Der Regisseur Otto Kobel

Ein Maler und Bildhauer, der heute in Seeg lebt, hat sich um die Waaler Passionsspiele in ganz besonderer Weise verdient gemacht: Otto Kobel.
Als Achtjähriger kam er mit seinen Eltern von Einslingen bei Dillingen nach Waal, als Zwölfjähriger spielte er im Jahre 1931 im Muttergottesspiel von Pater Adolf Innerkofler den Jesusknaben. Der Wandlung zum Christusdarsteller in dem Passionsspiel des Jahres 1949 entsprach ein Prozeß des Wandels vom Jungen zum reifen Mann. Zu den

Stationen dahin zählte seine Ausbildung zum Kirchenmaler in Buchloe und in München, seine Einberufung zum Militär und seine Teilnahme am Rußlandfeldzug als Sanitäter. Wer den Leidensweg eines Krieges erlebt hatte, von Sehnsucht nach Frieden erfüllt war, der kann als Gereifter die Christusdarstellung in einem Passionsspiel übernehmen. So hat Kobel die Christusrolle angenommen, seine Leiderfahrungen mit eingespielt. Das war 1949. Noch dreimal hat er die Rolle auf sich genommen.

Und das war noch lange nicht alles. Er wäre ja nicht der bildende Künstler, der er ist, der Maler als Augenmensch und der Bildhauer als plastisch Gestaltender, als Former, wenn es ihn nicht auch gereizt hätte, als Kulissenmaler das Bühnenbild und als Regisseur die Szenen zu einem lebenden Relief zu gestalten. Die Waaler, die seine Fähigkeiten kannten und kennen – lebte und arbeitete er doch bis zu seinem Umzug nach Luimoos in Waal –, legten das Spiel ganz in seine Hände. Er vereint in seiner Person alles, was mit der Aufführung zu tun hat, ist bald Dramaturg, bald Regisseur, bald Bühnenmaler, bald Schöpfer von Kostümvorschlägen. Das erklärt, warum in seinen Aufführungen alles übereinstimmt, alles mitspielt, nichts überflüssig ist. Es ist die Geschlossenheit einer gereiften Arbeit.

Woher nehmen die Waaler die Kraft, immer wieder ihre Passion aufzuführen? Sie legen sich ja im zeitlichen Rhythmus der Spielabfolge nicht wie die Oberammergauer fest, sondern sie führen die Passion auf, wenn sie, so formulierte es Otto Kobel, das Gefühl haben, jetzt sei sie wieder dran, die Passion. »Das muß so hingenommen werden,« erklärt Kobel, »denn wenn der Boden nicht reif ist, geht das Spiel nicht.«

Die Organisation der Veranstaltung liegt in den Händen des Theatervereins. Er bildet zur gegebenen Zeit einen Ausschuß, der die Meldungen entgegennimmt, wer mitspielen möchte, und der dann jeden berät, welche Rolle er dann übernehmen könnte. Unter den Beteiligten gibt es Familien, die seit Generationen mit dabei sind, denen das Mitmachen sozusagen in Fleisch und Blut übergegangen ist.

Das Erstaunliche ist, daß so ein kleiner Markt mit rund 1200 Einwohnern, von denen 200 jeweils an der Passion mitwirken, diesem Spiel in einer Zeit gegenläufiger Einstellungen und oft ablehnender Haltung die Treue hält. Das ist nur damit zu erklären, daß die Waaler ihre Passion verinnerlicht haben, daß das Spiel eine dörfliche Notwendigkeit ist, der man sich nicht entziehen darf und kann. Dafür weiß Kobel ein treffendes Beispiel zu erzählen. Einmal kam ein alter Mann zu ihm, verlegen und etwas unsicher darüber, ob er vorbringen sollte, was er wollte. Weil es zur Tradition seiner Familie gehörte, beim Spiel dabeizusein, hatte auch er immer wieder mitgewirkt, und zwar als Judas. »Einmal«, so bat er nun Kobel, »will ich noch mitspielen«, und lei-

Oben: Weiß und rosa blühende Obstbäume und Feldgehölze unterbrechen das frische Grün der Hügelketten im Westallgäu.
Unten: Kleine Kapellen (hier bei Roßhaupten) sind Zeichen der großen Volksfrömmigkeit.

Oben: Typische Landschaftsgliederung im Voralpengebiet: Die Dörfer liegen in sanften Mulden, auf den Kuppen wachsen Fichtenwälder. Unten: Selbst der kleinste Weiler (hier bei Rettenberg) besitzt noch eine Kapelle.

ser fügte er hinzu: »Aber nicht als Judas. Als solcher möchte ich nicht sterben.« Wer hätte wohl einem so alten Mann einen solchen Wunsch abschlagen können?
Die Waaler Spiele unterscheiden sich von den Oberammergauer dadurch, daß mehr das Laienhafte durchdringt. Das aber macht gerade den Reiz des Spieles aus. Es lag und liegt Kobel nicht daran, Laien zu Schauspielern zu machen. Er übt sie in ihre Rollen ein und läßt das Laienhafte als natürlichen Ausdruck einer persönlichen Überzeugung zu. Das ist die kleine Freiheit des Laien und die Stärke dieser Passionsspiele.
In Waal hat das Allgäu einen Ort, der in ganz modernem Sinne ein Beispiel geben kann. Trotz des für die Dorfgröße enormen Andrangs – es kommen immerhin pro Aufführung rund 800 Zuschauer – hütet sich der Ort, Spiel und Dorf zu vermarkten. Es wurden bisher keine zusätzlichen Übernachtungsmöglichkeiten irgendwelcher Art geschaffen. Der finanziellen Spekulation, wie sie im Gefolge des Fremdenverkehrs auftritt, wurde die Tür gewiesen. Und so blieb Waal eine Idylle und als Spielort eine Allgäuer Rarität.

Brauchtum

Zu den Festen, die den Alltag angenehm unterbrechen, gehören auch heute noch Bräuche, wenngleich mancher unter die Räder unserer technisierten Welt geraten ist.
So spielt heute noch im Oberallgäu die Maske oder »Larve« eine dominierende Rolle. Ihr Ausdruck kann ein häßlich-bösartiger oder ein freundlicher sein. Sie beherrscht das Faschingstreiben zwischen dem Glumpigen Donnerstag und dem Fastnachtsdienstag. Auf Straßen und Plätzen, in Wirtshäusern und Festsälen taucht sie auf, löst ängstliches Geschrei oder fröhliches Gelächter aus. Der Erhaltung und Pflege der Maske nehmen sich brauchtumsbewußte Zünfte an.
Eine neuere Zunft bilden zum Beispiel die Tannheimer »Daaschora-Weibla«. Die Fasnet-Figur des »Daaschora-Weiblas« wurde erst 1984 geschaffen. Sie knüpft an eine alte Sage an, die davon erzählt, daß die Tannheimer Mädchen einst die schönsten gewesen sein sollen. Aber weil Schönheit oft mit Eitelkeit gepaart ist und diese leicht zur Selbstüberschätzung führt, wiesen sie alle Freier ab. Einen Fremden, der eines Tages um sie warb, lachten sie aus und verspotteten ihn. Wütend verfluchte er die Weiber und wünschte, daß sie fürderhin in der »Daaschora«, das heißt im Tannenschorren, hausen und ihr Unwesen treiben sollten. Nur einmal im Jahr, zur Fasnet, dürfen sie den Tann verlassen. Nähme sich dann ein Freier ihrer an, sollten sie erlöst sein, wenn nicht, war ihnen die Rückkehr in den Tann beschieden. Im Jahr 1985 traten sie maskiert, wie sich versteht, ihren ersten Umzug an. Ihr Narrenruf lautet: »Daaschora und Mielebach – Heidanei, isch des a Sach!«

Oben: Diese frühere Alpe oder Alm bei Steibis wird heute als Berggasthof genutzt.
Unten: Der Stolz eines jeden Allgäuer Hutträgers ist ein üppiger Gamsbart, der aus dem Rückenfell des Gamsbocks gerupft wird.

In Sonthofen wird alle drei Jahre am Fastnachtsonntag das »Eggaspiel« im Freien aufgeführt. Es ist eine derbe Pantomime, bei der Masken getragen werden und die den Kampf des Guten gegen das Böse darstellt. Im sogenannten Funkenfeuer ist insofern eine Fortsetzung des Eggaspielgedankens zu sehen, als am 1. Fastensonntag auf vielen Höhen des Allgäus Feuer entfacht werden, die wiederum die Vertreibung des Bösen, des Winters, bedeuten.
Zu einem der größten Fastnachtsereignisse gehören die Marktoberdorfer Fastnachtsabende. Es wirkt ein bißchen wie eine Ironie des Schicksals, daß der Allgäuer von einst den Winter glaubte vertreiben zu müssen, während der heutige Allgäuer, so er den Winter zu vermarkten gedenkt, ihn als Goldesel herbeiwünscht. Daß er sich dabei eine zerstörerische Kraft ins Haus holt, ist das eigentlich Groteske daran.
Auch die Hindelanger Fasnacht steht unter dem Zeichen der Maske. Das Tragen der alten »Butzenlarven« ist dort uralter Brauch, der auf ein Fastnachtsspiel zurückführt. Die »Larven« stammen teils aus dem 17., teils aus dem 18. Jahrhundert und sind wegen ihrer künstlerischen Gestaltung oft sehr wertvoll. Geschaffen wurden sie von den beiden Hindelanger Bildhauern Konrad und Franz Eberhard.
In Oberstdorf findet alle fünf Jahre der Wilde-Männle-Tanz statt. 14 Männer, verkleidet mit Tannenbart, das sind lange Baumflechten, ausgerüstet mit Keulen und Trinkbechern aus Birkenholz, tragen auf einer Bühne, deren Kulissen aus Tannenästen gebildet sind, die 17 Tanzbilder des Wilde-Männle-Tanzes vor.
Zu weiterem Brauchtum, das aus religiöser Grundhaltung herrührt, gehören die Georgiritte – deren berühmtester ist der Auerberger. Sie sind mit der Pferdesegnung und Gottesdienst verbunden. Weiter gibt es die Kräuterweihen am 15. August mit dem Ziel, daß die geweihten Kräuter gegen Krankheit, Blitz und Hagelschlag helfen möchten, die Martinszüge zu Ehren des heiligen Martin und am 6. Dezember, dem Nikolaustag die Klausen, die mit Hirschgeweihen auf dem Kopf durch den Markt ziehen, was wohl heidnischen Ursprungs ist.
Aber nicht nur religiös-kirchliches Brauchtum hat sich das Allgäu bewahrt, es gibt auch manchen aus anderem Anlaß gewachsenen Brauch, zum Beispiel aus einem historischen Ereignis heraus. Dazu zählt zum Beispiel das Tänzelfest, ein Kinderfest in Kaufbeuren, das sich aus einem Schulfest entwickelt hat, in das Elemente der Zunftfeste eingeflossen sind und das zu den ältesten historischen Kinderfesten zählt.
An das aus Schwaz in Tirol stammende Rittergeschlecht der Frundsberger erinnert alle drei Jahre das Mindelheimer Frundsbergfest. Für eine Woche schlüpft dann die Stadt Mindelheim mit ihren Bürgern in mittelalterliche Gewänder und feiert mit Festzug, Festspiel, Musik und Tanz den

»Vater der Landsknechte«. Daß auch das leibliche Wohl nicht zu kurz kommt, versteht sich von selbst.
Sehr bekannt und beliebt ist auch das Memminger Fischerfest, das den Fänger der größten Forelle zum Fischerkönig kürt. Gefischt wird im Stadtbach, den Startschuß zum Sprung der Fischer in den Bach geben krachende Böller. Das Fischerfest ist eines der Volksfeste, wie sie der Allgäuer in vollen Zügen genießt. Solange er an solch herkömmlichen Festen Freude hat, wird damit verbundenes Brauchtum erhalten bleiben.

Die Landwirtschaft

»Deutschlands Käseküche«

Eine der wichtigen wirtschaftlichen Säulen des Allgäus ist die Käseherstellung. Allgäuer Käse hat einen weitreichenden Namen. Bereits im 9. Jahrhundert ist die Herstellung von Bergkäse nachweisbar.
Eine vernünftige Bewirtschaftung, die eine extensive Beweidung, eine Mahd im Jahr und Düngung mit Stalldünger vorsah, schuf bis ins zwanzigste Jahrhundert herein ein ökologisch gesundes Wirtschaftssystem, das auch Grundlage dafür war, daß viele Arten von Alpenpflanzen sich verbreiten, manche sogar dort erst ihren Standort finden konnten. Die so geschaffenen, hochgelegenen Weiden führten zur Sömmerung. Darunter versteht man, daß das Vieh während des Sommers zum Abweiden auf der Alpe bleibt. Dieser Almsommer beginnt erst im Juni, wenn die Schneeschmelze vorüber, der Schnee abgeschmolzen ist.

Almabtrieb und Viehscheid

Mitte September wird dann zum Almabtrieb gerüstet. Das Vieh wird zusammengetrieben, in die Ställe gebracht, die Weideglocken werden abgenommen und die großen Zugschellen umgehängt. Kommt die Herde im Tal an, wird sie auf den sogenannten Scheidplatz gebracht und dort den einzelnen Besitzern übergeben. Dann geht's auf das mit dem Viehscheid verbundene Volksfest. Daß heute Hunderte von Touristen teils mit Fotoapparat, teils mit einer Kamera ausgerüstet, mit von der Partie sind, gehört zu den Erscheinungen des wachsenden Tourismus.
Zu den Verrichtungen des Sennen auf der Alpe gehört unter anderem die Herstellung von Bergkäse. Dies geht von alters her so vor sich, daß er die erwärmte Milch mit Magenlab, einem Ferment, zur Gerinnung bringt, was durch die Milchsäurebakterien des Ferments bewirkt wird. Die aufbereitete Milch wird erneut erwärmt, bis bei 45 Grad eine gallertartige Masse entsteht. Der Senn zerkleinert sie nun mit der Käseharfe, bis sich der Bruch, das sind haselnußgroße Teilchen, bildet. Mit einem Stofftuch holt er ihn heraus, zurück bleibt die Molke. Den Bruch gibt er dann in eine Holzform, die

Oben: Ein üppiger Bauerngarten mit Dahlien, Phlox und Goldruten umgibt dieses imposante Bauernhaus in Steibis.
Unten: Kinder stehen im Mittelpunkt des Tänzelfestes in Kaufbeuren, das jedes Jahr im Juli stattfindet und bereits 1497 gestiftet wurde.

Illusionistische Lüftlmalerei schmückt die Fassade dieses großbäuerlichen Anwesens in Bernbeuren.

unter die Presse kommt. So war es Jahrhunderte hindurch. Aber das Rad der Geschichte, auch der Käseherstellung, drehte sich weiter. Wie schon kurz angeführt, war der Senn Johann Althaus von dem Lindenberger Käsehändler Stadler aus der Schweiz geholt worden, um Rundkäse nach Schweizer Art herzustellen. Nicht lange darauf, es war im Jahr 1829, holte dann der Spediteur und Handelsagent Karl Hirnbein aus Wilham bei Isny die holländischen Brüder Großjean zu sich, damit sie Weichkäse nach Limburger Art machten.

Der »Vater« der Käseherstellung

Dieser Hirnbein war sehr geschäftstüchtig. Er verstand es, »Käseküchen« landesweit einzurichten. Dazu mietete er in Bauernhäusern Räume an, die er für die Käseherstellung benötigte, organisierte die Milchlieferung durch die Bauern, stellte Käser aus dem Ausland oder bereits im Allgäu ausgebildete an und wurde so zum »Vater« der nun schon weitverzweigten Käseherstellung, ein weiteres Beispiel für den Erfindergeist, den man als charakteristisches Merkmal der Allgäuer Wesensart herausstellt. Behauptet wird, daß dieser Hirnbein bereits 1843 mehr als 100 solcherart geschaffener Sennereien betrieb.

Es waren dann 1921 die Brüder Wiedemann in Wangen, denen die Herstellung von Schmelzkäse gelang. Heute steht er gut im Kurs, nachdem er den schlechten Ruf, den er sich während des Zweiten Weltkriegs zuzog, weil er aus qualitätsmindernden Substanzen hergestellt worden war, längst wettgemacht hat. Den Milchkäufern, die lange Zeit den Molkereien und Käsereien vorstanden, folgten dann die Genossenschaften. Die erste gab es im Allgäu bereits 1880, und zwar in Achstetten. Die zunehmende Rationalisierung half den Genossenschaften schnell in den Sattel, die Technisierung der Produktion förderte die rationelle Arbeitsweise, was sich in steigender Produktivität und rückläufiger Zahl an Produktionsbetrieben ausdrückte.

Was heute auf dem deutschen Käsemarkt erscheint, sei es Romadur, Backsteinkäse, Steinbucher, Weißlacker, Camembert und Tilsiter, seien es Weich- oder Schnittkäse, mit Ausnahme von Sauermilchkäsesorten, wird alles im Allgäu produziert.

Butterbörse und Viehzucht

Eine wichtige Einrichtung für die Allgäuer Milchwirtschaft ist die Süddeutsche Butter- und Käsebörse in Kempten.

Sie ist ein Marktbeobachtungsinstrument und dient nicht wie üblicherweise die Börsen dem An- und Verkauf von Produkten. Was diese Börse feststellt, sind die Umsatzmengen und die Preise für ausgewählte Butter- und Käsesorten. Eine Notierungskommission legt die jeweilige Notierung fest und veröffentlicht sie.

Daß heute das Allgäu nicht nur die Bundesrepublik mit Käse eindecken, sondern auch eine beträchtliche Menge exportieren kann, hat in rationalisierenden Maßnahmen seinen Grund. Als sich der Flachsanbau nicht mehr rentierte, wurde die überständige Nutzfläche in Weidefläche umfunktioniert. Um den Futterertrag der Weideflächen zu steigern, entschied man sich für eine gezielte Düngung, was bewirkte, daß mehr Vieh auf die Weiden getrieben werden konnte. Gekrönt wurde das Ganze durch die Allgäuer Viehzucht, die es darauf abstellte, hochwertige Rassen zu züchten und die Milchleistung zu steigern. So konnte das Fünffache der 1000 Liter erreicht werden, die eine Kuh im vorigen Jahrhundert jährlich lieferte.

Ein die Landschaft prägendes Element ist der Einödhof. Er kam in einer Art erster Flurbereinigung zustande. Sie ging um 1550 vom Gebiet des Fürstentums Kempten aus; dabei wurden die durch Erbteilung versplitterten Fluren zusammengefaßt und der Hof hinausverlegt. Das schuf günstige Voraussetzungen für die um 1820 einsetzende Grünlandwirtschaft.

Einen Eingriff in die Natur bedeutete die Verwendung von Kunstdünger. Inzwischen sind viele Allgäuer Bauern zu Biobauern geworden, wie der Ort Altusried beweist. Überraschenderweise schafft dies auch für Kleinbauern Überlebenschancen.

Handel, Handwerk und Industrie

Wie ein Volk, eine Volksgruppe oder ein Dorf wirtschaftet, ob das rechte Verhältnis zwischen Aufwand und Nutzen gefunden wird, das ist die Frage des Umgangs und der Verwertung der Güter und Rohstoffe, die die Natur im Lebensraum der jeweiligen Gemeinschaft anbietet. Das Land der Schwaben und der Allgäuer ist nicht gesegnet mit leicht zu gewinnenden Naturschätzen, und die, die es gibt, sind auch nicht gerade im Überfluß vorhanden. So bedarf es schon der nüchternen und sparsamen schwäbisch-allgäuerischen Art, um mit diesem etwas kargen natürlichen Einkommen auszukommen. Daß sie es konnten, dafür liefert ihre Geschichte den Beweis. Die Kleinbauern von einst hätten von ihrem landwirtschaftlichen Betrieb allein nicht leben können, deshalb versuchten sie vorwiegend im Winter mit Spinnen und Weben ein Zubrot zur Aufstockung ihrer Einkünfte dazuzuverdienen. Sozusagen im Schneeballsystem verbreitete sich dieses Gewerbe im Land und griff auf die Städte über.

Alle Sitzgelegenheiten gruppieren sich in diesem Wohnraum im Bauernhofmuseum von Illerbeuren um den mächtigen Kachelofen.

Flachs und Hanf, Leinen und Wolle

Verarbeitet wurden im Allgäu Flachs und Hanf zu Leinen, das dann im 14. Jahrhundert vom Barchent verdrängt wurde. Dies ist ein Mischgewebe aus Leinen und Baumwolle. Es ist begreiflich, daß die Weber von allen Zünften, die es damals gab, die stärkste hatten. Weil die Baumwolle lange Zeit

Eng drängen sich die Fassaden der alten Bürgerhäuser in Füssen, der zweitgrößten Stadt im Allgäu, aneinander.

aus Venedig geliefert wurde, waren die Weber in sehr hohem Maße von den handeltreibenden Kaufleuten abhängig.
Wie diese die für sie günstige Position zu nutzen wußten, kann an der wirtschaftlichen Größe und Bedeutung der Fugger und Welser ersehen werden. Einen starken wirtschaftlichen Einbruch brachte der Weberbranche die Einführung des Kattundrucks, das heißt eines Verfahrens, das reine Baumwollgewebe mit farbbeständigen Mustern zu versehen in der Lage ist. Die Augsburger Brüder Neuhofer waren in Indien auf diese Methode gestoßen und hatten sie in ihrer Heimatstadt Augsburg eingeführt. Die Absatzchancen für dieses Produkt waren äußerst groß, denn bis dahin gab es nur gewebte Muster, nämlich Brokat und Damast, die aber so teuer in der Herstellung waren, daß sich deren Anschaffung nur reiche Leute leisten konnten.
Johann Heinrich von Schüle rationalisierte dieses Verfahren in seiner Augsburger Kattunmanufaktur, die auf dem europäischen Festland die größte war. Dadurch konnte er eine kostengünstige Massenproduktion anlaufen lassen und die Ware mit einem Preis auf den Markt bringen, der auch für Minderbemittelte erschwinglich war. Schüle war damals der erfolgreichste Textilunternehmer in Deutschland.
Dieses Verfahren traf aber einige Mitglieder der Weberzunft schwer, die nun teilweise auf ihren teuren Produkten sitzenblieben. Das führte zu Auseinandersetzungen und schließlich zum Augsburger Weberaufstand im Jahr 1794.
Neue Firmengründungen setzten ein, als maschinelle Arbeitsgänge die handwerklichen der Manufakturen ersetzten. Diese Entwicklung begann bereits im Jahr 1836 mit der mechanischen Spinnerei und Weberei eines Johann Friedrich Merz. Etwa zur gleichen Zeit nahm auch in Kaufbeuren die mitbegründete mechanische Baumwollspinnerei von Heinzelmann ihren Betrieb auf, dem im Jahr 1840 ein weiterer in Kottern bei Kempten folgte. So war schließlich das Maschinenzeitalter über das Allgäu hereingebrochen und hatte die Industrialisierung angekurbelt. Bis über die Mitte unseres Jahrhunderts hinaus war nun die Textilindustrie der stärkste Zweig der industriellen Wirtschaft im Allgäu.

Papier- und Metallindustrie

Eine große Rolle spielte daneben auch die Papierindustrie. Papiermühlen hatte es in Schwaben und im Allgäu bereits gegen Ende des 15. Jahrhunderts gegeben; die erste, die nachgewiesen werden konnte, arbeitete in Kaufbeuren. Das Sonthofener Hüttenwerk mit dem Hochofen wurde stillgelegt, als mit dem Bau der Eisenbahn die Möglichkeit gegeben war, besseres Erz einzuführen, als es der Bergbau am Grünten lieferte. Es blieb lediglich die Eisengießerei, die das nun eingeführte Erz verarbeitete.

Das Experiment Neugablonz

Im Rahmen der Bevölkerungsumwälzung durch die Vertreibung der Deutschen aus dem Osten, durch die Flüchtlinge, kam es im Allgäu zu einer einmaligen Entwicklung. Bei Kaufbeuren entstand nach dem Zweiten Weltkrieg eine neue geschlossene Siedlung: Neugablonz. Die Geschichte dieser Neugründung ist ein Beweis dafür, daß aus der Not manchmal auch eine Tugend werden kann. Die Gründer waren Sudetendeutsche, Flüchtlinge aus dem Landkreis Gablonz an der Neiße in Nordböhmen. Initiator und Wegbereiter war Diplomingenieur Erich Huschka aus Neudorf, Kreis Gablonz, mit seiner 1945 in München gegründeten »Aufbaugruppe der Gablonzer Industrie«. Seinen Berechnungen nach waren rund 7000 Facharbeiter mit ihren Familien anzusiedeln, sollte eine funktionsfähige Gablonzer Industrie zustandekommen. Nach mancher Schwierigkeit konnte er für 2000 Reichsmark Gelände von der Besatzungsmacht pachten und am 1. Juni 1948 den Vertrag schließen. Das war die Geburtsstunde von Neugablonz.

Heute gibt es in Neugablonz ein Museum, das die alte Gablonzer Industrie und die Entwicklung der neuen vorstellt. Auch die Namen von Straßen, Kirchen und Gebäuden weisen Erinnerungswerte auf. Ein Jugendstilbrunnen des Bildhauers Franz Metzner, der Rüdigerbrunnen, der einst in Gablonz stand, ist heute das Wahrzeichen von Neugablonz. Er wurde 1968 von den Neugablonzern gewissermaßen von der Abfallhalde, auf der er nach Kriegsende gelandet war, für 40000 Mark angekauft.

Majestätische Berge umgeben Oberstdorf, die südlichste Gemeinde Deutschlands. Nur wenige der alten Holzhäuser haben hier die Feuersbrunst des Jahres 1865 überstanden.

Regionale und überregionale Industrieunternehmen

Es gibt Produktionszweige, die sich im Allgäu entwickelt und deren Firmen überregionale Bedeutung gewonnen haben, zum Beispiel die Firma Fendt aus Marktoberdorf, eines der größten deutschen Traktorenunternehmen. In Mindelheim und Tussenhausen im Landkreis Unterallgäu werden Motorkleinflugzeuge hergestellt, in Türkheim Fernseh-, Video-, Radiogeräte sowie Kleincomputer und Papier in Ettringen.
Es gibt auch eine Reihe anderer, die ihren Hauptsitz außerhalb des Allgäus haben und hier Zweigniederlassungen gründeten.
Da ist zum Beispiel die Robert-Bosch-GmbH zu nennen, die in Sonthofen und seit 1986 auch in Immenstadt vertreten ist. Sie stellt für Kraftfahrzeuge Teile von Zündungen und von Benzineinspritzanlagen her. Die Siemens AG mit Sitz in München produziert in Durach im Oberallgäu Ortungs- und Erkennungsgeräte, die Firmengruppe Liebherr in Kempten Werkzeugmaschinen und in Lindenberg Flugzeugteile, der Nestlé-Konzern stellt in Waltenhofen-Hegge Kinder- und Diätnahrung und in Biessenhofen Dauermilcherzeugnisse her. Im ganzen betrachtet hat eine Gewichtsverlagerung von der Textil- und Schwermaschinenbranche auf die elektronische Spitzentechnologie stattgefunden.
Der Preis für diese Umschichtung war der Verlust an Arbeitsplätzen. Das wird deutlich, wenn man sich vergegenwärtigt, daß in der Textilindustrie heute noch 9,4 Prozent aller industriellen Arbeitnehmer tätig sind, während es vor Ausbruch des Zweiten Weltkriegs 42 Prozent waren.
Der Energieversorgung für alle diese Betriebe und die Privathaushalte dienen etwa 40 Kraftwerke, ein Atomkraftwerk in Gundremmingen und die Erdölvorkommen bei Großlaitingen und Arlesried.

Die Seelenkapelle ist eines der wenigen frühen Bauwerke in Oberstdorf. Bereits 1524 wurde sie als Beinhaus erwähnt. Die Fresken an der Nordwand stammen aus der Mitte des 16. Jahrhunderts.

Der Forchensee, ein Lechstausee bei Füssen, und der Grüntensee, der die Wasser der Wertach sammelt, haben zusätzlich noch die Aufgabe, den Wasserstand der Donau zu regulieren.
Betrachtet man die gesamte industrielle Entwicklung im Allgäu, so ist festzustellen, daß es weder so unterentwickelte Bereiche gibt, die zur Besorgnis Anlaß gäben, noch Ballungszentren, die problematische Verdichtungsfolgen heraufbeschwören könnten. Allerdings muß der stärker landwirtschaftlich ausgerichtete Teil des Allgäus als unterdurchschnittlich mit Industrie besetzt und deshalb als strukturschwach angesehen werden.

Das Handwerk – noch heute mit goldenem Boden

Älter als die Industrie ist ihr Vorläufer, das Handwerk. Daß dies nach wie vor »goldenen Boden« hat, beweist, welche Rolle es noch heute spielt. Das Handwerk ist näm-

Das Ravensburger Tor in Wangen ist mit einem Sgraffito bemalt, das nach alten Vorlagen 1950 entstand. Das Tor bildet den Abschluß der Herrenstrasse, in der jeden Mittwoch ein Markt stattfindet.

lich nicht nur Zulieferbetrieb für die Industrie, sondern es hat sich gerade im Allgäu auf neue Entwicklungen eingestellt, die der Fremdenverkehr angeregt hat und die Spezialwerkstätten erforderlich machen. Es werden dort zum Beispiel Skier, Kletterausrüstungen und Bergschuhe angefertigt. Freilich muß im Rückblick festgestellt werden, daß auch mancher Handwerksbetrieb verschwunden ist oder nur noch Seltenheitswert bewahrt hat. So gibt es im Allgäu heute nur noch einen Holzschuhmacher, und zwar in Tiefenbach, einem kleinen Ferienort etwas abseits der Straße, die von Sonthofen nach Oberstdorf führt. Alfons Socher, wie der Holzschuhmacher heißt, stellt keine holländischen Holzschuhe oder modernen Clogs her, er liefert original Allgäuer Holzschuhe für Stallarbeiten. Dieses Handwerk, das auf dem elterlichen Hof, der seit über 300 Jahren im Besitz der Familie ist, Tradition hat, übt er aber nur im Winter aus, so wie es auch seine Vorfahren taten, um sich ein Zubrot zu verdienen. Es ist reine Handarbeit, die er leistet. Ahornholz, das ein Jahr lang abgelagert sein muß, wird in feuchtem Zustand bearbeitet. Zunächst erstellt der Holzschuhmacher einen länglichen Rohling, dann stemmt er das Fußbett heraus, erarbeitet anschließend mit einem Spezialmesser die Feinheiten und beschlägt daraufhin die Unterseite des Holzschuhs mit Nägeln. Das Oberteil wird aus Rindsleder geschnitten, mit Klammern oder Nägeln an der hölzernen Sohle befestigt und dann fußgerecht geformt. Fertig ist der Holzschuh. Mit Alfons Socher dürfte dieses Handwerk aussterben, denn weder sein Sohn noch seine Tochter treten in die Fußstapfen ihres Vaters.

Im Ostrachtal gab es früher die Hammerschmiede, die mit wassergetriebenen Eisenhämmern Hausgeräte, Werkzeuge und ähnliches herstellten. Heutige Nachfahren sind zum Beispiel in Hindelang die Waffen-, Pfannen-, Schellen- und Nagelschmiede.

Am Leben erhalten hat sich ebenfalls das Handwerk des Holzschnitzers, Drechslers, Dirndlstickers und des Töpfers. Das Allgäuer Handwerk erweist sich heute als eine aus Altem und Neuem gefügte zukunftsträchtige Zunft.

Der Tourismus – Chancen und Gefahren

Das Allgäu als Voralpen- und Gebirgslandschaft mit seinen herrlichen Seen, mit kunsthistorisch interessanten Denkmälern und mit seiner handwerklich-bäuerlichen Kultur ist Anreiz für Erholungsbedürftige, für Kulturbeflissene – und auch für Nostalgiker, die wieder einmal ein Leben auf dem Land führen möchten, in einem Dorf, in dem der Hahn morgens noch kräht. Das brachte und bringt den Fremdenverkehr auf Touren. Aber so neu, wie er sich heute gibt, war er nicht immer. Auch der Fremdenverkehr hat seine Vorgeschichte.

Oben: Die Fassade der Klosterkirche St. Alexander und St. Theodor in Ottobeuren wird von zwei dreigeschossigen Türmen flankiert.
Rechts: Die Kanzel im Innenraum der Klosterkirche von Ottobeuren gestaltete Johann Michael Feichtmayr mit reichen Stuckdekorationen.

Der Ort Tiefenbach, der westlich der Iller bei Oberstdorf liegt, gilt als der wohl älteste Kurort des Allgäus. Wegen seiner Schwefelquellen war er in Europa, vor allem in England, bekannt. Man nimmt sogar an, daß bereits die Römer in Tiefenbach gekurt haben. Im Jahr 1518 errichtete der Graf von Montfort ein Badehaus, damals das erste am Ort, 1617 und 1896 wurde es erneuert. In der Mitte des 20. Jahrhunderts versiegte die Schwefelquelle.

Der französische Meister des Essays, der Philosoph und Schriftsteller Michel de Montaigne (1553–1592), hinterließ sein bekanntes Reisetagebuch, worin er seine Eindrücke schildert, die ihn auf dieser Reise bewegt haben. Von Schaffhausen und Konstanz her war er auch durch Lindau und von dort nach Kempten und Memmingen gekommen, von wo aus er dann nach Augsburg weiterreiste. Er war von der Güte der Gasthäuser, von den Federbetten, die er damals kennenlernte und die es in seiner Heimat nicht gab, und von der Sauberkeit, die weder Spinnweben noch Schmutz duldete, sehr angetan.

Von einem St. Gallener Ordensmann, dem P. Nepomuk Hauntinger, der 1784 von seinem Kloster aus über Buxheim, Memmingen und Ottobeuren nach Augsburg zog, existieren noch genaue Beobachtungen, die er während dieser Reise machte.

Pfarrer Sebastian Kneipps Wasserkuren und Heilanwendungen waren es dann, die im 19. Jahrhundert Heilungssuchende aus allen Teilen Europas nach Bad Wörishofen führten, wobei sich schon damals die Engstirnigkeit mancher seiner Zeitgenossen deutlich bemerkbar machte. Man mokierte sich nämlich darüber, daß ausgerechnet ein Pfarrer Wörishofen zum »sündigen Dorf« machen wolle, weil er den Frauen die Empfehlung gab, sie möchten beim Wassertreten ihre Röcke etwas anheben, damit sie nicht naß würden.

Manchen Touristen lockt heute das Hochgebirge ins Allgäu, um dem sogenannten Alpinismus zu frönen. Auch er hat seine Vorgeschichte. Geometer im vorigen Jahrhundert waren die ersten, die zum Zweck der Vermessung die Berggipfel erklommen. Dann kamen die ersten Kraxler, die die reine Freude dazu trieb, Gipfelstürmer zu werden. Sie waren die eigentlichen Vorläufer der modernen Alpinisten.

Heute ist das Allgäu voll auf den Fremdenverkehr eingestellt. Zu den Naturschönheiten und den Sehenswürdigkeiten, die der Erholung und Erbauung dienen, kam aber auch ein breitgefächertes Angebot an Freizeiteinrichtungen und Programmen zur Freizeitgestaltung. Was den Fremden erholt und erbaut, das bietet den Allgäuern wiederum eine Fülle an Haupt- und Nebenerwerbstätigkeiten, was schließlich zu einer gesunden wirtschaftlichen Mischstruktur führte. Um mit dem internationalen Standard im Fremdenverkehrsgewerbe Schritt halten zu können, mußte auch das Allgäu

modernisieren, das heißt zunächst Gästezimmer mit hohem Komfort ausstatten. Damit verschwand die schlichte Unterkunft von Anno dazumal natürlich fast völlig. Es entstehen auch immer mehr Freizeiteinrichtungen, Kur-, Veranstaltungs- und Tenniszentren, Hallenbäder, Golfplätze, Skilifte, Gondeln, Loipen und Wanderwege. Fleckchen um Fleckchen Erde wird beschlagnahmt, überbaut, ausgenutzt.
Und weil die Nachfrage nach Ferienwohnungen anstieg und weiter ansteigt, brach auf diesem Sektor ein wahrer Bauboom aus. Ferienkolonien werden oft außerhalb der Dörfer angesiedelt.
All das kurbelt den Fremdenverkehr, der ohnehin schon auf vollen Touren läuft, noch mehr an. Aber nicht genug damit. Angeblich zur Entzerrung des Fremdenverkehrs in den Stoßzeiten plant man Übergangslösungen, die die Zwischenphasen vom Winter auf das Frühjahr und vom Herbst auf den Winter besser nutzen sollen. Mit preisgünstigen Angeboten, mit Wander- und Sportwochen, Fitness- und Gesundheitsurlaub will man den Touristen anlocken. Abgesehen davon, daß die Entzerrung des geballten Tourismus aus Gründen der Ferienzeiten und der betrieblichen Urlaubsregelungen wohl kaum lösbar sein wird, sollten die Allgäuer doch auch an sich selbst und an ihre Landschaft denken: Wie auf einer Wiese, die dauernd begangen wird, ein grasloser Pfad, zertretene Flora, das heißt tote Erde, entsteht, so muß auch ein durchgehender Tourismus, der weder dem Menschen noch der Natur eine Verschnaufpause, sprich Erholung, gönnt, seine Spur hinterlassen.
In seinen Bergen weiß der gebirglerische Allgäuer sehr wohl die Gefahren einer Gratwanderung abzuschätzen. Ob er sie aber auch erkennt, wenn er und seine Landsleute den Grat zwischen Tourismus und Ausverkauf seiner Landschaft weiter so entlangwandern, immer mehr Touristen ins Land holen, immer mehr Berghänge abholzen, um sie mit Liften aufzusatteln, immer mehr Bauland für Reiheneinfamilienhäuser ausweisen, ein immer dichteres Straßennetz anlegen? Ob er diesen Grat bewältigt, ist inzwischen mehr als nur eine Frage des Augenmaßes und der Maßgerechtigkeit.

Die Deckenbilder in der Ottobeurer Klosterkirche malten Johann Jakob und Franz Anton Zeiller zwischen 1763 und 1764. Über der Empore haben sie die Gründung des Klosters thematisiert.

Sport im Allgäu

Wo die Berge sich, wie bei Oberstdorf, auftürmen, wo Seen sich in der Landschaft ausdehnen, wo der Winter Schneemassen über das Land schüttet, dort hat der Sport in vielfältigster Ausprägung seine Heimat. So wird im Allgäu der Wintersport mit Ski- und Bobfahrt, mit Eislauf und Eishockey, im Sommer mit Bergsteigen, Fliegen und der Segelsport auf den Seen ausgeübt.
Der Allgäuer, der an der Quelle dieser verschiedenen Sportmöglichkeiten sitzt, nutzt natürlich seine Chancen, um sich möglicherweise sogar in olympischen Gefilden

zu tummeln – oft erfolgreich, wie ein Blick in die Liste der Olympioniken oder Spitzensportler zeigt, die das Allgäu gestellt hat. Da ist die Olympiasiegerin Ossi Reichert mit Silber im Slalom in Oslo 1952, mit Gold im Riesenslalom 1956 in Cortina d'Ampezzo, da ist die Goldmedaillengewinnerin im Abfahrtslauf, Heidi Biebl-Prelevic, 1960 in Squaw Valley, und da ist Franz Keller aus Nesselwang, der 1968 in Grenoble in der Nordischen Kombination Gold gewann. Dies sind nur wenige Beispiele für viele.

In Oberstaufen-Steibis lebt seit 1947 Christl Cranz-Borchers, eine gebürtige Brüsselerin, die als die erfolgreichste alpine Skiläuferin gilt: In Garmisch gewann sie 1936 die Goldmedaille in der Alpinen Kombination, darüber hinaus hat sie 12 Welt- und 15 deutsche Meisterschaftstitel gesammelt.

Den ersten Platz im Slalom-Weltmeisterschaftslauf 1986, der in der Schweiz ausgetragen wurde, gewann Frank Wörndl aus Sonthofen. Und wer kennt nicht die Springer der Oberstdorfer Skisprung-Hochburg, die sich Mitte der fünfziger Jahre zur Weltklasseform aufschwangen: den Sepp Weiler, Heini Klopfer und Toni Brutscher?

Zur Spitzenklasse gehörten ferner Skisportler wie Max Bollkart, Heini Ihle, Rudi Tusch, Peter Leitner und Andreas Bauer. Sportliche Erfolge wurden und werden auch auf dem Eis errungen. Da gab es Europa- und deutsche Meisterschaften im Eisstockschießen, im Curling, Eistanz, Eiskunstlauf und Eisschnellauf. Füssen stellte jahrelang eine der besten deutschen Eishockeymannschaften, die sechzehnmal den deutschen Meistertitel errang.

Heini Klopfers Skiflugschanze in Oberstdorf

Das Allgäu im Medaillenregen des Wintersports, das gehört schon zur Tradition. Wie ein Wahrzeichen für den Wintersport im

Allgäu wirkt die Heini-Klopfer-Skiflugschanze in Oberstdorf. Im Jahr 1949/50 hat sie der Architekt Klopfer gebaut, der als Schanzenbauer Weltruf genoß. Er plante mehr als 250 Sprunganlagen, mehrere sogar für Olympische Spiele. In Oberstdorf sprang er als erster über seine Schanze und erreichte eine Weite von 90 Metern. Mit dieser Schanze schuf er den Übergang von der Sprung- zur Skiflugschanze.
Der Wintersportort Oberstdorf zeichnet sich durch eine weitere Anlage aus. Es ist ein Kunsteisstadion mit drei Hallen, eine Einmaligkeit dieser Art in Europa. Das Stadion, in dem auch die Öffentlichkeit zugelassen ist, bietet den Sportlern die Möglichkeit zu ganzjährigem Training. Heute ist dort auch das Bundeszentrum für Eiskunstlauf, dem ein Internat angeschlossen ist.
In Füssen, das ebenfalls ein Kunsteisstadion besitzt, hat das Bundesleistungszentrum für Eishockey seinen Sitz.

Das Zentrum der Drachenflieger

Aber auch die sommerliche Variante des Sports kommt im Allgäu nicht zu kurz. Neben dem Segel- und Surfsport auf den Seen hat sich neuerdings das Drachenfliegen immer höher hinausgewagt.
Startplätze sind am Fellhorn, am Iseler, an der Alpspitze bei Nesselwang, am Breitenberg bei Pfronten und am Tegelberg bei Füssen zu suchen. Dort ist das Gelände für diese Sportart besonders geeignet. Heute bildet es das Zentrum der Drachenfliegerei in der Bundesrepublik. Dort wird seit 1975 der internationale Deutschlandpokal ausgetragen. Veranstalter ist der Deutsche Aeroclub e.V. in Zusammenarbeit mit dem Verein »D'Allgäuer Drachenflieger e.V.«. Der Kaufbeurer Josef Guggenmoos wurde 1979 Weltmeister in Grenoble.
Wenn auch der Sport im Allgäu hoch hinausstrebt, die Sportler sollten immer daran denken, daß sie auf dem Boden der Realität bleiben müssen und der Natur, wenn es not tut, die Priorität einzuräumen haben.

Durch jahrhundertelange Abgeschiedenheit hat sich im Kleinwalsertal das traditionelle Brauchtum nicht nur im Hausbau (oben), sondern auch bei der Tracht erhalten können.

Allgäuer Porträts

Wenn man in ein Land reist, möchte man zunächst wissen, mit wem man es zu tun hat. Wie Allgäuer sind, was sie leisten können, was sie auszeichnet, soll in einem Streifzug durch das Leben einiger hervorragender Persönlichkeiten dargestellt werden.

Sebastian Kneipp, der Badedoktor

Sebastian Kneipp wurde 1821 in Stefansried als Sohn eines Leinwebers geboren. Der aufgeweckte Junge fiel einem Ottobeurer Kaplan auf, der ihm den Besuch eines Gymnasiums und ein Theologiestudium ermöglichte. Eine Lungenkrankheit während seiner Gymnasialzeit veranlaßte ihn, die Heilkraft des Wassers, über die er gelesen hatte, zu nutzen. Die Kur war erfolgreich,

Links: Illerbeuren ist vor allem wegen seines Bauernhofmuseums bekannt. Traditionsgemäß ist bei diesem kleinen Fachwerkgebäude der Garten mit einem Geflecht aus Weide eingezäunt.

ebenso das Experiment mit einem lungenkranken Studienkollegen. Damit schuf er die Voraussetzung für sein späteres Wirken als Wasserheilkundiger. In Bad Wörishofen, wo er als Pfarrer wirkte, entwickelte Kneipp, gestützt auf seine Erfahrungen mit der Heilkraft des Wassers, aus der einfachen Kaltwasser-Kur ein Naturheilverfahren, das weltweit Anklang fand. Kneipp, ein Unterallgäuer, wurde so zu einer der bekanntesten Persönlichkeiten Europas. Er starb 1897.

Gunter Steinbach, der sanfte Rebell

Im Allgäu gab es einst gegen die fürstliche und kirchliche Herrschaft die Bauernrevolte. Heute gibt es Allgäuer, die gegen den Verschleiß ihrer Landschaft rebellieren. Das geschieht nicht mit lauten Gewaltakten, sondern in stiller, mühsamer und bohrender Kleinarbeit. Viele kleine Aktionen fügen sich zu einem Mosaik von Maßnahmen gegen die Umweltzerstörung. Einer dieser sanften Rebellen ist Gunter Steinbach. Er, der vorher als Schriftsetzer gearbeitet hatte, zog sich auf einen Bauernhof zurück, um zu einer natürlichen Lebensweise wieder zurückzufinden. Der Titel eines Kinderbuches – Steinbach arbeitet als freier Schriftsteller – umreißt, worum es ihm geht, wenn es dort heißt: »Unser Bauernhof, ein Leben mit Tieren, Gärten und Kindern«.

Ohne seine Schriftstellerei könnte er vom Hof allein nicht leben. Er muß, wie die Allgäuer früher auch, ein Zubrot verdienen. Aus seiner Liebe zu Kindern, Tieren, Pflanzen, zur Natur insgesamt, und aus der Absicht heraus, sie zu schützen, schuf er eine Gemeinschaft, die unter dem Namen »Aktion Ameise« aktiv, aber gewaltfrei, zum Schutz der Natur antritt.

Auf die Idee kam er durch eine Kindergruppe, die er auf seinen Hof eingeladen hatte und mit der er Bäumchen setzte, Hecken anlegte, Beziehungen zur Natur knüpfte. Heute ist daraus eine landesweit übergreifende Gemeinschaft von Kindern und jungen Leuten geworden. Auf dem Steinbach-Hof wird die Natur auf natürliche Weise gepflegt und beansprucht. Der Steinbach-Hof ist ein Beispiel für den richtigen Rückweg zur Natur.

Karl Partsch, Mahner für ein weiterhin schönes Allgäu

Etwas vom felsigen Charakter seiner Heimat hat ein anderer Allgäuer. Er heißt Karl Partsch und ist der Prophet und Mahner des Allgäus, der mit dem fundierten Wissen eines Biologen, mit der Erfahrung eines Bergsteigers, dem Engagement eines Naturschützers und aus der Verantwortung für seine Allgäuer Landschaft heraus den Finger auf die Wunden legt, die bestimmte wirtschaftliche Branchen dem Allgäu zufügen. Wer um Einfluß und Lobby wirtschaftlicher Mächte weiß, der kann sich vorstellen, daß einem solchen Mann ständig Prügel in den Weg geworfen werden, der jetzt den Weg ins Europaparlament geschafft hat. Daß man ihn in der heimischen Presse, für die er jahrelang geschrieben und der er viele Fotos geliefert hatte, durch Intrigen mundtot gemacht hat, paßt in dieses Bild. Bestürzend jedoch ist es, zu hören, daß ihm Morddrohungen zugeschickt wurden und daß zweimal versucht wurde, ihn zu verletzen, wenn nicht zu beseitigen. Wer so mit jemandem umgeht, der sein Leben in den Dienst seiner Heimat und ihrer Bewohner stellt, muß sich die Frage nach seinem Wollen und nach seiner Wahrheit stellen lassen. Das Allgäu braucht Männer wie Steinbach und Partsch, wollen wir diesen herrlichen Fleck Erde auch in Zukunft so vorfinden, wie er heute noch ist. Dann werden möglicherweise auch die Bilder dieses Bandes ihre Aussage über die Schönheit dieses Landes als beständigen Wert behalten.

Die in dem weiten Talkessel der Wertach gelegene Marktgemeinde Nesselwang ist vor allem als Luftkur- und Wintersportort bekannt. Die neubarocke Pfarrkirche St. Andreas bestimmt mit ihrem Zwiebelturm das Ortsbild.

Nachfolgende Doppelseite:
In den wald- und wiesenreichen Hügellandschaften des Voralpenlandes wie hier bei Seeg, wachsen im Frühling und Sommer viele verschiedene Pflanzen.

Brauchtum und Tradition werden im Allgäu noch hochgehalten. Hier eine Trachtenkapelle beim Platzkonzert in Roßhaupten.

Die Gemeinde Seeg wurde bereits 1187 urkundlich erwähnt. Sie liegt eingebettet in die sanften Moränenhügel des Ostallgäus, die während der letzten Eiszeit entstanden sind.

Das Allgäu gilt als die »Käseküche« Deutschlands. Auf saftigen Almen, wie hier bei Seeg (links), weiden vor der eindruckvollen Bergkulisse die berühmten Allgäuer Milchkühe. Der Nachwuchs ist natürlich auch dabei (oben).

Das malerische Füssen (oben) kann auf eine lange Stadtgeschichte zurückblicken. Bereits im 4. Jahrhundert befand sich hier die römische Garnison »Foetibus«, und der St. Gallener Missionar Magnus gründete 725 ein Benediktinerkloster. Als »Apostel des Allgäus« missionierte er von hier aus die heidnischen Alemannen und Illyrer. Am linken Ufer des Lechs und südlich des Forggensees gelegen, wird Füssen von den Tannheimer Bergen eingerahmt (rechts).

Nachfolgende Doppelseite: Im Allgäu gibt es viele Weiher und kleine Seen. Besonders in der Gegend um Füssen formierte sich vor vielen Jahrtausenden eine reizvolle gewässerreiche Landschaft. Hier winterliche Impression vom Hopfensee.

Auf einem Ausläufer des Schwarzenbergs liegt wie in einer Theaterkulisse das Schloß Hohenschwangau. Bereits im Mittelalter war es Sitz der edlen Ritter von Schwangau. 1809 zerstört, wurde das Schloß 1832 als Sommerresidenz des bayerischen Kronprinzen Maximilian im Stil der Neugotik wiederaufgebaut.

Im wildromantischen Gebirge hoch über der Pöllatsschucht ließ der bayerische »Märchenkönig« Ludwig II. einen Lebenstraum wahrwerden: Schloß Neuschwanstein – eine Welt für »Lohengrin« und »Tannhäuser«. Die Entwürfe für das Gebäude lieferte 1869 der Theatermaler Christian Rank.

Blick vom Fellhorn auf den 2593 Meter hohen Hochvogel. Unter Bergsteigern gilt dieser Gipfel allgemein als »König der Allgäuer Alpen«.

Wassersport und erholsame Stille: Der 1954 künstlich aufgestaute Forggensee verspricht vor einer großartigen Bergkulisse abwechslungsreiche Ferienerlebnisse.

W3
W4
W6

Ein Landwirt aus Bernbeuren: Zufrieden mit einem Leben in Einklang mit der Natur.

Die Wallfahrt zum heiligen Magnus war schon im frühen Mittelalter beliebt, und so entwickelte sich aus einem kleinen Gotteshaus 1681 die prächtige Wallfahrtskapelle St. Magnus bei Leuterschach. Auch heute noch pilgern Gläubige hierher.

Beim Kaufbeurer »Tänzelfest«: Über 1000 Kinder stellen in historischen Kostümen alljährlich die Besuche Kaiser Maximilians I. in der früheren Freien Reichsstadt zu Beginn des 16. Jahrhunderts nach.

Die zentralen Figuren des Kaufbeurer »Tänzelfestes«: Kaiser Maximilian I. mit seiner Gattin Maria von Burgund.

Morgendliche Stille:
Die Kaiser-Max-Straße
in Kaufbeuren mit ihren
alten Geschäftshäusern
und der evangelischen
Dreifaltigkeitskirche.

Kaufbeuren konnte sich mit den engen Gassen sein spätmittelalterliches Stadtbild bewahren. In dem geschichtsträchtigen Ort wurde die Literatin Sophie von la Roche geboren, und auch ihr Sohn, der berühmte Heimatschriftsteller Ludwig Ganghofer, erblickte hier 1855 das Licht der Welt.

Die Kirche als Schiff in den Wogen der Welt. Besonders originell ist diese Vorstellung in der 1725 fertiggestellten Rokokokanzel der ehemaligen Klosterkirche Mariä Himmelfahrt in Irsee verwirklicht.

Mit Netzgewölbe und gotischem Rankendekor präsentiert sich die Vorhalle der Pfarrkirche St. Johann Baptist in Steingaden. An der Nordwand befinden sich Fresken, die aus dem Jahr 1580 stammen. Sie zeigen die Genealogie der welfischen Stifterfamilie.

Der Kreuzgang der Steingadener Pfarrkirche stammt aus der ersten Hälfte des 13. Jahrhunderts. Die mächtigen, halbkreisförmigen Blendbögen sind ein Stilmerkmal der romanischen Epoche. Daneben beeindrucken auch die mit figürlichen, pflanzlichen und geometrischen Ornamenten verzierten Säulen des Kreuzgangs.

Torbau und Schloß-kapelle St. Georg der Mindelburg über Mindelheim im Unterallgäu. Hier wurde der berühmte Landsknechtführer Georg von Frundsberg geboren.

Mit schwerem Geschütz wurde die Mindelheimer Mindelburg einst verteidigt. Heute genießt man vom Aussichtsplateau den weiten Blick auf Stadt und Land.

Südwestlich über der Stadt Mindelheim ließ Herzog Friedrich von Teck um 1370 eine kleine Burg erbauen. Ab 1467 residierten dort jedoch die Herren von Frundsberg. Sie bestimmten durch zahlreiche Umbauten das heutige Aussehen der Mindelburg.

Im ehemaligen Kartäuserkloster Buxheim steht das schönste Chorgestühl des süddeutschen Barock. 1689 schuf der Tiroler Bildschnitzer Ignaz Waibel dieses Kunstwerk mit all den Engelshermen, Säulchen, Aposteln, Bischöfen und Stifterfiguren (beide Bilder).

Der wuchtige Turm der evangelischen Stadtpfarrkirche St. Martin in Memmingen ist in der ganzen Stadt zu sehen. Die Inschrift auf dem Zifferblatt der Turmuhr ist der Wahlspruch der Reichsstadt: Domine humilia respice – Herr, sieh das Niedrige an.

Das Memminger Rathaus aus dem Jahr 1488 wurde bereits 1589 durchgreifend verändert. Seiner städtebaulichen Bedeutung gemäß bekam der Bau drei reizvolle Erker und ein mächtiges Satteldach. 1765 wurde die Fassade im Zeitgeschmack des Rokoko neu gestaltet. Links vom Rathaus das Steuerhaus und rechts die ehemalige Großzunft.

»Das bürgerliche Gegenüber zur vornehmen Ottobeurer Basilika« – so beschreibt ein alter Reiseführer die 1755 geweihte Wallfahrtskirche Maria Steinbach.

Die Benediktinerabtei Ottobeuren wird nicht zu Unrecht der »schwäbische Escorial« genannt. 1711 legte man den Grundstein für den Neubau des bereits 754 gegründeten Klosters. An der 1737 begonnenen Klosterkirche verwirklichten sich große Barockbaumeister wie Simpert Kramer, Johann Effner und nicht zuletzt Johann Michael Fischer, der die Basilika 1766 genial vollendete.

Die Klosterbibliothek vo Ottobeuren ist im Besitz von etwa 15 000 wertvollen Büchern. Johann Baptist Zimmermann schuf 1715 bis 1718 die zart getönten Stukkaturen. Auch die geschwungene Galerie, getragen von 44 Stuckmarmorsäulen, stammt aus seiner Werkstatt. Das Deckenbild gestaltete 1716 Elias Zobel, die weiß und golden gefaßte Statue der Minerva wird Anton Sturm zugeschrieben.

Christlicher Besuch in der schönsten süddeutschen Klosteranlage von Ottobeuren.

Das Innere der dreischiffigen Basilika St. Theodor und St. Alexander in Ottobeuren präsentiert sich als barockes Gesamtkunstwerk. Der schwungvolle Rocaillestuck stammt von Johann Michael Feichtmayr, die monumentalen Fresken schufen Johann Jakob und Franz Anton Zeiller.

HAFNEREI

Illerbeuren ist das älteste Bauernhofmuseum seiner Art. 1955 gegründet, wurden einige Häuser aus dem Dorf gleich miteinbezogen. Links ein Blick auf den Krugzeller Zehentstadel, das Buxheimer Haus und den Grieshof. Im Bild oben die gute Stube der Sölde, ein Beispiel altbäuerlicher Wohnkultur.

Die evangelische Pfarrkirche St. Mang in Kempten wurde 1426 bis 1440 auf Fundamenten eines romanischen Vorgängerbaus erbaut. Die einst prachtvolle gotische Einrichtung fiel 1533 dem Bildersturm zum Opfer.

Mit seiner steil aufragenden Doppelturmfassade und einer monumentalen Chorkuppel beherrscht St. Lorenz das Stadtbild von Kempten. Die Pläne lieferte der Vorarlberger Baumeister Michael Beer. 1652 begonnen, entstand damit der erste süddeutsche Kirchenbau nach der Beendigung des Dreißigjährigen Krieges.

Kempten war einst bedeutender Stützpunkt in der römischen Provinz Rätien. Im Archäologischen Park »Cambodunum« kann heute eine Rekonstruktion des Tempelbezirks besichtigt werden.

Rocaille und Bandelwerk, die Hauptmotive des höfischen Rokoko, sind in der Kemptener Residenz reichlich zu sehen.

Der Thronsaal der Kemptener Residenz. Hier konnten sich all die Verspieltheiten des Rokoko entfalten. Der Fürstabt Anselm von Reichlin-Meldegg ließ 1730 bis 1742 den Thronsaal und seine Prunkzimmer von berühmten Wessobrunner Stukkatoren ausstatten.

Umgeben von stattlichen Bürgerhäusern präsentiert sich das Kemptener Rathaus. 1368 errichtet, wurde es im Lauf der Jahrhunderte mehrmals umgebaut. Seine jetzige Gestalt im Stil der Neorenaissance geht auf das Jahr 1874 zurück.

*n ehemaligen Kempte-
er Kornhaus residiert
eute das Allgäuer Hei-
atmuseum, daneben
at hier die Süddeutsche
utter- und Käsebörse
ıren Sitz. Kurz nach
700 errichtet, beein-
ruckt der imposante
au vor allem durch
eine dreistöckigen
olutengiebel.*

*Die Außenansicht
der Kemptener Residenz
wird vor allem durch
quadratische Ecktürm-
chen geprägt.*

Die Bewohner der Allgäuer Bauernhöfe, wie hier an einem Beispiel in Wiedemannsdorf am Großen Alpsee zu sehen ist, schmücken jeden Sommer ihre Holzbalkone liebevoll mit roten Geranien. Ein Bauerngarten liefert frisches Gemüse und weiteren Blumenschmuck.

Idyllisch in die sanften Hügel des hier wenig besiedelten Voralpenlandes eingebettet: der Niedersonthofener See.

Abendimpression vom Großen Alpsee. Gleich hinter Immenstadt eröffnet sich mit dem Großen und Kleinen Alpsee ein noch nahezu unberührtes Landschaftsparadies.

Erholung für Naturfreunde: Einer der vielen kleinen Seen um Sonthofen, die mit ihrem klaren Wasser im Sommer zum Baden einladen.

Mit den Tannheimer Bergen im Hintergrund präsentiert sich die Gegend um Füssen als waldbestandene Hügellandschaft. Einzelne Almhütten sind hier inzwischen zu Ferienhäuschen umgebaut worden.

Baden, Rudern und Angeln – der nur wenige Kilometer von Füssen entfernte Weißensee ist ein Paradies für kleine und große Wasserratten.

Sonthofen ist die südlichste Stadt Deutschlands und aufgrund ihres ausgeglichenen Klimas bei Touristen sehr beliebt. Die heitere Figurengruppe von Michael Neustifter am Rathausaufgang stellt das auf heidnische Bräuche zurückgehende »Egga-Spiel« dar. Dieser Mummenschanz findet alle drei Jahre am Faschingssonntag statt.

Die Grafen von Königsegg-Rothenfels hatten bis 1803 ihren Sitz in Immenstadt. Durch Salz- und Leinwandhandel förderten sie den wirtschaftlichen Aufstieg der Stadt. Heute ist Immenstadt vor allem ein beliebter Wintersport- und Ferienort.

Mitten im Park von Hindelang hütet dieser in Bronze gegossene Hirte seine Ziegenherde.

Hindelang, umrahmt von über 2000 Meter hohen Bergen, ist der Mittelpunkt des 20 Kilometer langen Ostrachtals und zählt zu den bedeutendsten Kur- und Ferienorten des Oberallgäus.

Zu jeder Viehscheid
gehört ein zünftiges
Volksfest wie hier
in Hindelang.

Mitte September werden die Kühe buntgeschmückt von den Almen ins Tal hinabgetrieben. Am sogenannten Scheidplatz übergibt der Senner die Tiere dem jeweiligen Besitzer. Mit sieben Almen und ungefähr 1000 Rindern hat Hindelang eine der größten Viehscheide im ganzen Allgäu.

Die zwei Kilometer lange Breitachklamm ist ein Naturschatz, der seinesgleichen sucht. Wer die wildromantische Klamm auf einem gesicherten Steg durchwandert, macht so manche Entdeckung. So glaubt man ein menschliches Antlitz im Fels zu erblicken, und tatsächlich ähnelt es, wie oben zu sehen ist, dem italienischen Dichter Dante Alighieri. Geologen interessieren sich vor allem für die hier offen zutage tretenden Gesteinsformationen der Klamm (rechts).

Von Frühherbst bis zum Frühsommer sind die Gipfel der Allgäuer Alpen mit Schnee bedeckt. Hier das Fellhorn bei Oberstdorf.

Wahrzeichen des Allgäuer Wintersports. Oberstdorf hat zwei Skisprungschanzen, die »Heini-Klopfer-« und die »Schattenberg-Schanze« (oben). Doch auch im Zeitalter der elektronischen Weitenmessung werden die Sprünge zusätzlich von Punktrichtern bewertet (rechts).

In hochalpinen Regionen: Das Nebelhornhaus, ein Restaurant, liegt auf fast 2000 Höhenmetern.

Die Höhfats (oben) wird oft als »Königin der ostalpinen Grasberge« bezeichnet. Rechts der malerische Seesalpsee, ein kleiner Eissee in der Nebelhorngruppe.

Der Hauptkamm der Allgäuer Hochalpen wurde vor Millionen von Jahren aus kalkhaltigen Gesteinsschichten gebildet (links). Vom Nebelhorn (oben) aus eröffnet sich ein grandioser Blick auf diese Gebirgskette.

Das Kleine Walsertal gehört zwar hoheitsrechtlich schon zu Österreich, zolltechnisch jedoch zu Deutschland. Bereits im späten 13. Jahrhundert wurde es von landsuchenden Bauern aus dem schweizerischen Wallis besiedelt. Hier ein typischer Walserhof mit breitem Satteldach und Holzgiebel.

Eine jahrhundertealte Bautradition wird noch gepflegt: Fast jedes Haus ist, wie hier in Mittelberg, mit kleinen Holzschindeln verkleidet.

Luxus gibt es hier nicht. Doch bietet das Wohnen auf einer Alm wie der Waltheralm (oben) bei Steibis ein Leben in und mit der Natur. Daß diese Lebensform zufrieden macht, bestätigt auch der alte Bergbauer aus dem Hintersteiner Tal (links).

In vielen Allgäuer Bauernhöfen leben auch heute noch drei Generationen unter einem Dach (beide Bilder).

Die Kapelle St. Bartholomäus in Zell bei Oberstaufen geht auf die Mitte des 14. Jahrhunderts zurück. Choraltar und Fresken aus den Jahren 1440 bis 1450 werden dem Memminger Künstler Hans Strigel d.Ä. zugeschrieben.

Das spätgotische Kirchlein St. Stefan in Gernhofen überrascht im Inneren mit seltenen Malereien in Rötel und Schwarz: Kreuze, Zinnen, Dreieckbänder, Drudenfüße und ungelenke Jagddarstellungen sind hier die Motive. In der bäuerlichen Volkskunst wurden diese heidnischen Symbole über Jahrhunderte hinweg tradiert (beide Bilder).

Im Allgäu werden über 100 000 Tonnen Käse pro Jahr hergestellt. Dies geschieht entweder in einer der unzähligen kleinen Käseküchen, wie in der Sennerei in Grünenbach (oben), oder in einer Großkäserei, wie den Westallgäuer Milchwerken in Schönau (unten).

Nach altem Brauch wird das Vieh mit Blumen, Kronen und prächtigen Glocken zum Almabtrieb geschmückt.

Für seine Schrothkuren weltbekannt: Der heilklimatische Kurort Oberstaufen, hoch über dem Weißachtal gelegen.

Vorhergehende Doppelseite: Sobald die Schneeschmelze im Frühsommer vorbei ist, wird das Vieh für die Sommermonate auf hochgelegene Weiden getrieben und verbringt dort die warme Jahreszeit.

Sommerzeit, das heißt Blumenzeit. Bauernhäuser, Gärten und öffentliche Anlagen zeigen dann ihre üppige Blumenpracht. Oben im Bild ein stattliches Bauernhaus bei Lindenberg, rechts eine Parkanlage in Oberstaufen.

Ein aussterbender Beruf: Senner aus Hindelang. Nur noch wenige Menschen sind bereit, mehrere Monate weitgehend allein in den Bergen zu verbringen.

Ein ökologisch gesundes Wirtschaftssystem war die Voraussetzung, daß sich im Allgäu viele seltene Alpenpflanzen und Kräuter ihren Standort bewahren konnten. Und genau das ist es auch, was die besondere Qualität der Allgäuer Milch ausmacht. Hier eine Weide am »Paradies« bei Oberstaufen.

Nahe Scheidegg, einem hochgelegenen Ferienort zwischen Bodensee und Hochgebirge, finden sich diese wildromantischen Wasserfälle, die auf moosbewachsene Felsen niederrauschen.

Die Region um Lindau eignet sich durch ihr mildes Klima vor allem für den Obstanbau. Im Frühjahr, wenn die Apfelbäume blühen, verwandelt sich der Landstrich in ein rosa Blütenmeer.

Jedes Jahr zur Fasnetzeit gibt es in Lindau ein traditionelles Narrentreffen. Dabei versammeln sich die Narrenzünfte aus ganz Oberschwaben und den angrenzenden Alpenländern. Im Bild eine Buchhorner Narrengruppe mit typischer Holzlarve, buntem Flecklesgewand und einem Schellenkranz.

Unter den Holzmasken dieser Moorhexen stecken meist junge Burschen. Sie treiben während des Fasnetumzugs ihren Schabernack mit den Zuschauern.

Bereits 1474 war Bad Schachen am Bodensee durch seine Schwefelquelle als Heilbad bekannt. Im 19. Jahrhundert war es beliebter Aufenthaltsort der bayerischen Könige. Seit dieser Zeit tragen zahlreiche Villen zum Glanz des Ortes bei. Im Bild das renommierte Kurhotel Bad Schachen.

Wasserburg am Bodensee wurde 784 als Besitz des Klosters St. Gallen erwähnt. Die Pfarrkirche St. Georg wurde im 10. Jahrhundert als Kirchenburg gegen die einfallenden Ungarn errichtet und im 18. Jahrhundert barockisiert. Die ältesten Gebäude des Schlosses stammen aus dem 13. Jahrhundert.

MDCCCLVI
KONSTANZ

Der Leuchtturm in der Hafeneinfahrt von Lindau, ein Wahrzeichen der bayerischen Bodenseestadt, wurde 1856 von Johann von Halbig errichtet. Die berühmte Weiße Flotte sorgt für den Schiffsverkehr auf dem Bodensee im Dreiländereck von Deutschland, Österreich und der Schweiz.

Der Lindavia-Brunnen, 1882 von Friedrich von Thiersch und Wilhelm von Rümann geschaffen, erzählt die Geschichte der einst Freien Reichsstadt Lindau. Über den Allegorien – Fischerei, Schiffahrt, Acker- und Gartenbau – erhebt sich majestätisch die Stadtgöttin »Lindavia« mit Mauerkrone, Lindenzweig und Schiffsruder.

ALLGÄU
0 N 5 km
Autobahn
Bundesstraße
Kreisstraße
Kirche
Kloster
Schloß
Biberach
Ochsenhausen
BADEN-WÜRTTEMBERG
Bad Waldsee
Wolfegg
Weingarten
Ravensburg
Kißlegg
Leutkirch
Wangen
Isny
Lindenberg
Lindau
Bodensee
Bregenz
Wasserburg
Memmingen
Kempten
Mindelheim
Buchloe
Landsberg am Lech
Bad Wörishofen
Kaufbeuren
Marktoberdorf
Schongau
Füssen
Immenstadt
Sonthofen
Oberstdorf
ÖSTERREICH
Allgäuer Alpen
Babenhausen
Erkheim
Stetten
Buxheim
Ottobeuren
Markt Rettenbach
Lauchdorf
Pforzen
Irsee
Illerbeuren
Maria Steinbach
Lautrach
Grönenbach
Legau
Wolfertschwenden
Obergünzburg
Biessenhofen
Altenstadt
Dietmannsried
Kimratshofen
Altusried
Burggen
Friesenhofen
Rimpach
Wiggensbach
Auerberg
Stötten
Bernbeuren
Steingaden
Rohrdorf
Lechbruck
Großholzleute
Wieskirche
Gestratz
Waltenhofen
Oy-Mittelberg
Seeg
Roßhaupten
Niedersonthofener See
Opfenbach
Grünenbach
Niedersonthofen
Rottachsee
Nesselwang
Forggensee
Hopfensee
Wertach
Grüntensee
Weißensee
Bannwaldsee
Simmerberg
Scheidegg
Alpsee
Rauhenzell
1738 Grünten
Unterjoch
Pfronten
Schwangau
Neuschwanstein
Säuling 2047
Bad Oberstaufen
Steibis
Blaichach
Oberjochpaß
Tannheimer Tal
Hindelang
Bad Oberdorf
Tannheim
Haldensee
Nesselwängle
Reutte
Hochgrat 1833
Balderschwang
Fischen
Schöllang
Hittisau
Obermaiselstein
Nebelhorn 2224
Bichlbach
2594 Hochvogel
Riezlern
Birgsau
Kl. Walsertal
Breitach
Baad
Mittelberg
2647 Mädelegabel
Iller
Günz
Mindel
Östliche
Wertach
Lech

Sieben Fahrten durchs Allgäu

Schlösser in Berg- und Seenlandschaften

Mit sieben Touren versuchen wir, einen Einblick ins Allgäu zu geben, und hoffen, daß sich der Reisende daraus einen Überblick verschaffen kann und daß bei ihm dadurch der Wunsch geweckt wird, weiterzuforschen nach all dem, was am und abseits des Weges an Schönem, Seltenem und Kuriosem zu finden ist.

Schongau – Auerberg – Steingaden – Schwangau – Füssen

Wir haben als Tor zum Allgäu die alte Grenzstadt **Schongau** am Lech gewählt. Die Stadt liegt im Zentrum des Pfaffenwinkels auf einem ovalen Moränenhügel, den früher der Lech beiderseits umflossen haben soll. Die Romantische Straße (die B17), deren Verlauf der früheren Via Claudia Augusta entspricht, trifft hier auf die von Marktoberdorf kommende B472.

Schongau bietet mit seiner fast vollständig erhaltenen Stadtmauer das malerische Bild einer mittelalterlichen Stadt. Ursprünglich trug den Namen Schongau das nordwestlich angrenzende Dorf Altenstadt. Im 13. Jahrhundert wurde aber von dort aus das neue Schongau gegründet, das bereits seit 1240 Stadt ist. Zu Blüte und Wohlstand kam Schongau im Mittelalter durch die günstige Lage an der Handelsstraße von Augsburg nach Italien und durch die Salzstraße nach Berchtesgaden. Daß den Schongauern die Bäume nicht in den Himmel wuchsen, dafür sorgte das Schicksal: 1393 brannten viele Gebäude, darunter auch die Pfarrkirche, ab. Der größten Feuersbrunst im Mai 1493 hielt nur das Schloß stand: Die Stadt selbst lag danach in Schutt und Asche. Und immer wieder gab es kriegerische Intermezzos. Wenn dabei auch die Stadt oft nicht eingenommen werden konnte, so blieb sie doch vor Schaden vielerlei Art nicht verschont. Im Dreißigjährigen Krieg eroberte der schwedische General Wrangel Schongau im Sturm. Nur ein hohes Lösegeld verhinderte Schlimmstes. In den Folgejahren raffte der Hunger viele Schongauer dahin; Hagelschlag, Mäusefraß und Viehseuchen mehrten nebst anderen Heimsuchungen die Not. Nimmt man noch den Spanischen und den Österreichischen Erbfolgekrieg sowie die Franzoseneinfälle zu Beginn des 19. Jahrhunderts dazu, muß man feststellen, daß die Stadt vom Schicksal ziemlich gebeutelt wurde.

Heute vermittelt uns Schongau einen Einblick in mittelalterliche Stadtgestaltung. Dafür legen gut erhaltene Bauten Zeugnis ab. Sehenswert ist das *Ballenhaus* mit Treppengiebel und die Häuser mit Steildach, wie zum Beispiel das *»Goldene Kreuz«*. Ein Rundgang entlang der fast vollständig erhaltenen *Stadtmauer* vermittelt den Eindruck eines geschlossenen mittelalterlichen Stadtsystems.

Ein Auf und Ab historischen Schicksals hat auch die *Stadtpfarrkirche* zu verzeichnen. Zwischen 1220 und 1240 entstand sie als Holzbau und wurde im Jahr 1300 Opfer eines Streits zwischen Österreich und Bayern. Der daraufhin errichtete Steinbau wurde 1493 durch Brand zerstört. Die Bürger finanzierten einen dritten Kirchenbau, dessen Turm und Chor bald darauf ein Blitzschlag beschädigte. Der wiedererrichtete Turm stürzte 50 Jahre später ein. Der Umbau der alten dreischiffigen, gotischen Hallenkirche in eine einschiffige Rokokoanlage nach Plänen von Dominikus Zimmermann war wegen Baufälligkeit notwendig geworden. Von Zimmermann stammen auch die Stukkaturen des Chors, die im Saalraum von Josef Stiller. Die Deckenfresken im Chor und im Langhaus sind das Werk von Matthäus Günther. Sehenswert in Schongau sind noch die *Hl.-Kreuz-Kapelle*, von der man annimmt, daß sie Johann Schmuzer gebaut hat, die *Spitalkirche zum Hl. Geist* mit Barockaltären und die *Friedhofskapelle St. Sebastian*.

Eine Schongauer Eigenart fällt im Rückblick auf die Geschichte ins Auge: Es ist die zu allen Zeiten feststellbare Freude der Bürger am Theaterspielen. Es waren volkstümliche Stücke, die aufgeführt wurden. Heute ist es das historische Spiel »Die Schongauer Hexe«, das die Stadt jedes Jahr vorführt.

Die Fahrt zum *Auerberg* führt uns von Schongau aus zunächst in nordwestlicher Richtung nach **Altenstadt**, dem schon erwähnten alten Schongau. Es lohnt sich, dort die um 1200 errichtete dreischiffige *St.-Michaels-Basilika* zu besichtigen. Im Mittelpunkt kunsthistorischer Betrachtung steht der »Große Gott von Altenstadt«, ein romanisches Kruzifix in Überlebensgröße, das die Hauptapsis mit einer Kreuzigungsgruppe beherrscht. Interessant sind auch die 1938 entdeckten Reste alter Fresken. Diese Basilika ist eine der schönsten im süddeutschen Raum.

Wir verlassen nun Altenstadt in westlicher Richtung auf der Straße nach Kaufbeuren, biegen

dann nach etwa zwei Kilometern links in südlicher Richtung nach **Burggen** ab, wobei wir die B 472 überqueren. Wer schönes Rokoko sehen will, der besuche kurz die *Pfarrkirche* in Burggen. Er findet dort auch Plastiken des Füssener Meisters Anton Sturm. Etwas ganz Besonderes bietet die *St.-Anna-Kapelle* mit einer großartigen Kassettendecke. Von Bernbeuren, dem nächsten, etwa sieben Kilometer entfernten Ort, führt uns eine Straße auf den Auerberg. Der Abstecher dorthin lohnt sich allein schon wegen der herrlichen Aussicht auf die Bayerischen und die Allgäuer Alpen bis hin zum Bodensee und in östlicher Richtung auf den Peißenberg. Dazu kommt noch das interessante gotische *St.-Georgs-Kirchlein* mit dem verbliebenen romanischen Turm und der wertvollen Innenausstattung, zu der eine spätgotische, meisterhaft geschnitzte Muttergottes auf der Mondsichel von Jörg Lederer, eine Rosenkranzmadonna und eine plastische Darstellung des heiligen Georgs im Kampf mit dem Drachen zählen.
Es wird angenommen, daß der Auerberg schon zur Zeit der Kelten und Römer befestigt gewesen ist. Stark verwurzelt war in dieser Gegend das Heidentum, was dem heiligen Magnus viel Beschwerlichkeit gemacht haben mag. Bekannt ist, daß sich im Bereich von Roßhaupten am Nordende des Forggensees eine Opferstätte zu Ehren Wotans befand. Alter Tradition gemäß findet alljährlich am 23. April auf dem Auerberg der Georgiritt zu Ehren des heiligen Georgs mit Pferdeweihe und Ritt um die Kirche und den Berg statt.
Von Bernbeuren aus steuern wir Steingaden an. Wir kommen zunächst auf einer Landstraße nach Lechbruck und können dort einen erholsamen Spaziergang am Lechufer entlang machen. Anschließend fahren wir in östlicher Richtung nach Steingaden, das an der Romantischen Straße liegt.

In **Steingaden** finden wir ein *Kloster*, das Herzog Welf VI. den Prämonstratensern gestiftet hat, die 1147 von ihm nach Steingaden beordert wurden. Die zum Kloster gehörende *Kirche St. Johannes* blieb weitgehend erhalten. Sie entsprach ihrem Aussehen nach der Bauweise alpenländischer Basiliken. Nach zweimaliger Umgestaltung präsentiert sie sich nun im heutigen Gewand. Die Fresken zählen zu dem Hauptwerk von Johann Georg Bergmüller. Sie stellen unter anderem Heilige des Prämonstratenserordens dar, berichten vom Wirken des heiligen Norbert, von der Enthauptung des Täufers und zeigen die Herzöge Welf VI. und

Hohenschwangau: Von König Max I. geschaffen.

Welf VII. im Bild. Interessant ist auch die Kanzel, ein gelungenes Wagnis im Rokokostil von Anton Sturm. Wer Zeit hat, sollte einen Abstecher zur *Wieskirche* machen, die rund vier Kilometer südöstlich von Steingaden entfernt liegt. Dominikus Zimmermanns weltberühmte Meisterleistung wird Sie für den Umweg entschädigen.

Neuschwanstein: Steingewordenes Märchenschloß.

Die Romantische Straße von Steingaden aus in Richtung Schwangau macht als Alpenstraße ihrem Namen alle Ehre. Seen, Gebirge, Kirchen und Schlösser in zauberhafter Harmonie machen König Ludwigs II. phantasievolle Traumverlorenheit verständlich.
Nähert man sich auf der B 17 Schwangau, so bietet sich eine herrliche Kulisse aus Kirchen, Schlössern und Gebirge dar, bestimmt von König Ludwigs Hausberg, dem Säuling. Auf freiem Feld stehend, treffen wir zunächst auf *St. Coloman*. Es wird behauptet, dies sei die meistfotografierte Kirche Bayerns. Wo einst eine spätgotische Feldkapelle stand, hat der Wessobrunner Johann Schmuzer diese von allen Seiten elegant wirkende Kirche hingestellt, die 1685 eingeweiht wurde. Beachtlich sind die Stuckarbeiten und der Altar, die von Schmuzer selbst stammen. Der Name der Kirche führt auf einen irischen Heiligen zurück, der auf Wanderschaft war und an dieser Stelle Rast gemacht hatte. Der Legende nach soll er später mit Verbrechern in Österreich aufgehängt worden sein. Erhebt man den Blick zu den Bergen, fallen rechts das im Gelbton gehaltene **Schloß Hohenschwangau** und links das hell schimmernde Neuschwanstein auf.
Von Schwangau aus ist Hohenschwangau auf einem Waldweg in einer Viertelstunde erreichbar. Das Schloß führt auf eine Burg aus dem 11. Jahrhundert zurück, die den Rittern von Schwangau gehörte, einem Geschlecht, von dem der Minnesänger Hiltpold von Stein abstammte. Als dieses Adelsgeschlecht ausstarb, begann die Burg zu verfallen. Nach manchem Besitzerwechsel erwarb sie der achtzehnjährige Kronprinz Maximilian, der spätere König Max II. Er ließ sie in der Zeit von 1832 bis 1837 als Sommersitz neu bauen. Der Entwurf von Dominik Quaglio wurde nach dessen Tod zuerst von Johann Daniel Ohlmüller, dann von Georg Friedrich Ziebland ausgeführt. Gemäß den Vorstellungen Maximilians orientierte sich der Stil des Schlosses an der Architektur des Nordens. So vereinen sich spätgotischer Tudorstil und Geist der Biedermeierzeit zur romantischen Kulisse. Großflächige Bilder, vor allem die eines Moritz von Schwind, dekorieren die Räume. Sie zeigen Szenen aus der germanischen Geschichte und Sagenwelt. Neben dem Berchta-Zimmer, dem Authari-Zimmer, dem Ritterzimmer, Schwanenrittersaal und anderen Räumen zählen zu den Sehenswürdigkeiten der Schloßhof mit dem Marienbrunnen, die Schloßkapelle und im Schloßpark ein Brunnen von Ludwig

von Schwanthaler. Mit der früheren Burg und dem jetzigen Schloß sind Namen verknüpft wie der Martin Luthers oder der des Staufers Konradin, der von dort aus im Jahr 1267 seinem tragischen Tod in Italien entgegenzog, und der König Ludwigs II., der dort oft in seiner Jugend weilte. Vielleicht hat sich ihm der Zauber dieser Landschaft so eingeprägt, hat ihn Wagners Musik so angeregt und die wachsende Einsamkeit als König so umdüstert, daß sich auf diesem Nährboden seine traumhaften Vorstellungen zur Bauleidenschaft verdichteten. Vielleicht!

Als ihr erster Zeuge thront hoch über der Pöllatschlucht **Neuschwanstein** anstelle der alten Burgruine Vorder-Hohenschwangau. Ein Besuch der Wartburg hatte Ludwig bewogen, etwas Ähnliches zu schaffen. Die ursprüngliche Absicht einer Restaurierung ließ er fallen, sondern plante einen Neubau, für den 1869 der Grundstein gelegt wurde. In den Sälen, wie dem Sängersaal als Prunkstück, im Arbeitszimmer, dem Schlafzimmer, in all den vielen anderen Räumen, die verschwenderisch ausgestattet sind, die in Bildern schwelgen, deren Motive der germanischen Sagenwelt und Dichtung entlehnt sind, hat er sich ein Refugium seiner Vorstellungen von einem König von Gottes Gnaden geschaffen. Und dort, in seinem ersten von ihm gebauten Schloß, hat er die Nachricht seiner Entmündigung erhalten; von da brachte man ihn nach Schloß Berg am Starnberger See, wo heute ein Kreuz im See vom Ende königlicher Träume kündet.

Füssen liegt nur wenig entfernt westwärts von Schwangau, 800 Meter über dem Meer, zu Füßen der Tannheimer Berge. Einst führte dort die Via Claudia, eine römische Heerstraße, über den Lech. Sie verband Venedig mit Augsburg und der Donau. Ein Kastell auf dem Schloßberg sicherte die Straße. Auf den heiligen Magnus, geboren um 700, der vom Kloster St. Gallen in diese Gegend kam, führt das heutige *Kloster St. Mang* zurück, das sich aus der Zelle des Mönchs und einem Marienkirchlein entwickelte. Der Heilige soll Wunder gewirkt, zum Beispiel Blinde geheilt, den Drachen von Roßhaupten getötet und mit seinem Abtsstab gegen schädliches Ungeziefer geholfen haben. 1269 errichtete ein Bayernherzog das Schloß dort, wo das römische Kastell einst war. Bereits 1295 wird Füssen als Stadt urkundlich erwähnt. Die Lage an der alten Römerstraße machte es zum günstigen Handels- und Warenumschlagplatz. Dazu kam, daß es durch die Kunst des Lauten- und Geigenbaus vom 16. bis 18. Jahrhundert als eine Art europäischen Zentrums in diesem Metier galt. 18 Meister gab es 1606 in Füssen. Kriege aber beendeten Füssens Blütezeit, so der Bauernaufstand, der Dreißigjährige Krieg und der Österreichisch-bayerische Erbfolgekrieg, den der Friede von Füssen besiegelte und der eine längere Ruhezeit einleitete. Rund 150 Jahre später fielen Napoleons Heere ins Land ein, und die Säkularisation (1803) brachte das Gebiet des Hochstifts Augsburg, zu dem Füssen gehörte, in bayerischen Besitz. Wirtschaftlich ging es mit Füssen abwärts. Erst der Bau einer Seilwarenfabrik 1861 und die Pracht der Königsschlösser bahnten einen neuen Aufschwung an.

Da sind die vielen Kirchen Füssens, allen voran die katholische *Stadtpfarrkirche*, die ehemals Klosterkirche war. Berühmt sind, um nur einiges zu nennen, ein Fresko in der Krypta der Stadtpfarrkirche, das etwa 1000 Jahre alt ist, die Altäre von Johann Jakob Herkomer, dem Erbauer der Kirche, und die zugehörigen Figuren von Anton Sturm, dem Füssener Künstler.

Eine Besonderheit ist der um 1610 entstandene Füssener Totentanz in der *St.-Anna-Kapelle*. Auf 20 in Fünferreihen angeordneten Holztafeln hat der Maler Hans Georg Hiebeler den Tod dargestellt, wie er von ihm ausgewählte Personen jedweden Standes mit sich führt, nicht zwingt.

Interessant auch die Fassade der Spitalkirche mit bayerischer Lüftlmalerei, die Bürgerhäuser der

Das Hohe Schloß, das über Füssen thront, hat sich sein mittelalterliches Gesicht bewahrt.

Der Fremdenverkehr wurde zur Trumpfkarte der Stadt. Was hat Füssen da nicht alles zu bieten! Da ist zum Beispiel das *Schloß* mit seiner hervorragenden illusionistischen Architekturmalerei von theatralischer Wirkung, unter anderem mit dem durch eine gotische Schnitzdecke bekannten Rittersaal. Heute ist das Schloß Sitz des Amtsgerichts und beherbergt eine Filialgalerie der Bayerischen Staatsgemäldesammlung.

Da ist außerdem das *Kloster* mit einem prunkvollen Fest- und einem interessanten Bibliothekssaal; die Stadt nutzt das Gebäude heute als Rathaus und Heimatmuseum.

Altstadt, die wunderhübschen Giebelfluchten der Altstadtstraßen und -gassen, die noch erhalten gebliebenen Teile der Stadtmauer und fünf Rundtürme mit Kegeldecken.

Füssen, das ist eine Fülle an Angeboten für den Touristen: Als Kurort bietet es Trink- und Badekuren, Moor- und Mineralbäder sowie ein Kulturprogramm an, als Erholungsort herrliche Badeseen, Wanderungen, Ruder-, Segel-, Angelsport, Fahrradverleih, Drachenfliegen, Reiten und ein Kunsteisstadion. Außerdem ist Füssen bekannt wegen der Eishockeyspiele. Diese Stadt ist ein Füllhorn Allgäuer Erholsamkeit.

Kirchen, Klöster und Wallfahrten im Illerwinkel

Mindelheim – Ottobeuren – Grönenbach – Maria Steinbach – Illerbeuren – Memmingen – Buxheim

Von Landsberg über Buchloe führt die B 18 nach Westen durch welliges, waldbestandenes Moränenhügelland. Dort, im Tal der Mindel, liegt das Städtchen **Mindelheim**.
Auf dem Georgenberg im Westen der Stadt thront, weithin sichtbar, das *Mindelschloß*, das durch historisierenden Umbau in den Jahren 1876 bis 1878 neugotisch restauriert wurde, wobei nur Teile der alten Burg erhalten blieben. In der alten Burg wurde Georg von Frundsberg 1473

Der Kolomansritt: Ein festlicher Umzug mit Pferden.

geboren, der als »Vater der deutschen Landsknechte« in die Geschichte eingehen sollte. Im Trinkstüblein des Torwächters zeigen aus der Frundsbergzeit stammende Malereien den mit Familie und Gästen tafelnden Hausherrn. Alle drei Jahre feiern die Mindelheimer zu Ehren Frundsbergs das weithin bekannte Frundsbergfest Anfang Juli.
Mindelheim war einst von einer Stadtbefestigung umgeben. Davon sind noch das *Obere*, das *Untere*, das *Einlaßtor* und der *Gefängnisturm* erhalten. Wer die Stadt erkunden will, sollte vor einem der Stadttore parken und sich Zeit für einen Spaziergang durch das Mittelalter nehmen. Dabei stößt er auf die *Pfarrkirche St. Stephan* mit ihrem freiste-

Uhrturm in der Füssener Stadtbefestigung.

henden Turm, der einst zur Befestigungsanlage gehörte. Die früher barock geprägte Kirche wurde durch eine Umgestaltung im 19. Jahrhundert neuromanisch ausgestattet. Von Interesse ist ein Werk des ausgehenden »Weichen Stils«, ein Doppelgrabstein aus Salzburger Marmor, der an Herzog Ulrich von Teck (gestorben 1432) und an seine Gemahlin Ursula (gestorben 1429) erinnert.
Im Westen der Stadt liegt die *Jesuitenkirche*. Sie ist aus der einst spätgotischen Augustinerkirche hervorgegangen. Erhalten blieb dabei der um das Jahr 1450 entstandene Chor. Den Neubau leitete von 1625 bis 1626 der Jesuitenbruder Johann Holl. Ein weiterer Umbau in den Jahren 1721 und 1722 veränderte dann die Kirche weitgehend. Mit umlaufender Empore, Laubwerk darstellenden Stuckarbeiten, mit Deckenstuck anstelle von Deckenmalerei erhielt der Kirchenraum eine beschwingt elegante Note. Beachtenswert sind auch die Seitenaltäre und der Hochaltar.
In der *Liebfrauenkapelle* am Fuß des Katharinenberges zählen unter anderem die »Mindelheimer Sippe«, ein Holzrelief des Meisters Bernhard Strigel, entstanden um 1505, dann eine um 1520 geschaffene Rosenkranztafel sowie im *Kloster der Franziskanerinnen* »Zum Heiligen Kreuz« auf dem Choraltar eine spätgotische »Mater dolorosa« aus Ton zu den Sehenswürdigkeiten. Wer noch wissen will, was die Stunde geschlagen hat, der kann das *Turmuhrmuseum* besuchen.
Den Fasching gestalten die Mindelheimer am Lumpigen Donnerstag zu einem fröhlichen Straßen- und Stadtfest. Dabei schlüpfen nicht nur sie, sondern auch die beiden Stadttore in Faschingskostüme.

Wir verlassen Mindelheim auf der B 18 in Richtung Memmingen, zweigen dann südlich nach Stetten und Rettenbach ab, mit dem Ziel **Obergünzburg**, das sich durch seine landschaftlich schöne Lage an der östlichen Günz auszeichnet.
Römische Münzen, die auf dem *Nikolausberg* gefunden wurden, weisen auf eine römische Siedlung hin. Fürstäbte von Kempten waren einst die Herren des mittelalterlichen Ortes, den 1560 eine Feuersbrunst völlig zerstörte. Lediglich der Kirchturm und die Außenmauern der *Pfarrkirche St. Martin* blieben zurück und wurden beim Wiederaufbau erhalten. 1779 bekam das Langhaus sein barockes Gewand. Zwei Kemptener waren damals am Werk: Johann Michael Koneberg, von dem die Fresken stammen, die den Tod und die Glorie des heiligen Martin darstellen, und Johann Georg Wirth, dem die Stuckarbeiten zuzuschreiben sind. Eine Restaurierung im Jahr 1926 bestimmt heute den Gesamteindruck dieser Kirche. In der

Das Lindauer Tor in Memmingen.

Ostmauer des Chores findet sich die Votivtafel eines römischen Merkuraltars, ein Erinnerungsstück an die Römerzeit, das in einer der Kirche nahegelegenen Gasse um 1700 gefunden wurde. Die Kapelle auf dem bereits genannten Nikolaushügel, die *Nikolauskapelle*, die aus dem 15. Jahrhundert stammt, war im 18. Jahrhundert ein beliebter Wallfahrtsort. Heute dagegen ist es um sie still geworden.

Auf dem Obergünzburger Marktplatz fällt das dreigeschossige *Amtshaus* mit dem Wappen des Hochstifts von Kempten auf. Besuchenswert ist das *Heimatmuseum* im einstigen Pfarrhaus. Es informiert nicht nur über die Ortsgeschichte, das einschlägige Handwerk, den Obergünzburger Maler Johann Kaspar, dessen Bilder wir dort finden, es führt uns auch durch eine Südseesammlung auf die Spuren eines aus Obergünzburg stammenden Abenteurers. Gemeint ist Kapitän Karl Nauer. Ein Buch, betitelt »Anker auf!«, beschreibt das bewegte Leben des Sohns eines Seifensieders, der Seefahrer, Südseepionier und Lloyd-Kapitän wurde.

Um nach **Ottobeuren** zu gelangen, verläßt man Obergünzburg in Richtung Kempten, stößt dann auf die Ostroute der Oberschwäbischen Barockstraße, die in nördlicher Richtung auf den berühmten Klosterort Ottobeuren zuführt. Von welcher Seite man sich diesem Ort im Tal der Günz auch immer nähern mag, die *Benediktinerabtei* mit Kloster und Kirche bildet die Dominante im Bild dieses Ortes, sie ist Ausdruck dessen, was im Lauf der Jahrhunderte an Gestaltungskraft, Phantasie und Formenreichtum bleibender Bestand geworden ist. Eine Hochburg des Geistigen, in Stein gemeißelte, in Holz geschnitzte, in Farben und Stuck prangende Religiosität.

»Eine gesammelte, Erde und Himmel umfassende Kraft ist hier am Werk«, schreibt Hugo Schnell in seinem Büchlein »Ottobeuren, Kloster und Kirche«: »Wenige Klöster Deutschlands weisen die Totalität auf, wie sie Ottobeuren besitzt. Der Ruch der Heimat weicht nie aus seinen Mauern. Typisch schwäbische Strukturen treffen wir in jedem Jahrhundert.«

Orts- und Klostergeschichte sind ineinander verwoben. Ottobeuren ist eine schwäbische Siedlung, die urkundlich erstmals 764 erwähnt wurde, als Gaugraf Silach das Benediktinerkloster stiftete, dessen erster Abt sein Sohn Toto werden sollte. Karl der Große bestätigte die Reichsabtei und beschenkte sie reichlich mit Ländereien.

Die Gewölbefresken im Kircheninnenraum des Klosters Ottobeuren stammen von Johann Jakob Zeiller.

Ottobeuren bietet auch eine Fülle an Sehenswürdigkeiten für den kunsthistorisch Interessierten. Da ist die *Basilika* mit ihrer faszinierenden Ausstattung, mit prachtvoller Dekoration, mit kunstvollem Rokoko, mit vortrefflich abgestimmter Farbigkeit, mit einem Chorgestühl, das durch seine Lindenholzreliefs besticht, mit den beiden Orgeln von Karl Riepp, die zu den schönsten in unserem Land gerechnet werden, und mit

In der Klosterkirche von Buxheim.

wertvollen Objekten des Kirchenschatzes. All das sind Glanzstücke aus einer Fülle von Meisterwerken. Auch die Klosteranlage mit ihren 250 Zimmern, 20 Sälen, sieben Treppenhäusern und fünf Prachtaufgängen ist eine Fundgrube an Sehenswürdigkeiten.

Herausragend die kunstvoll gestaltete *Klosterbibliothek* mit ihren 15 000 in Schweinsleder gebundenen Werken, die Kunstsammlung der Abtei, die die Kunst- und Kulturgeschichte des Klosters repräsentiert, die Staatsgalerie Ottobeuren mit Leihgaben der Bayerischen Staatsgemäldesammlung, der Theatersaal, in dem einst benediktinisches Barocktheater aufgeführt wurde, und der *Kaisersaal* mit 16 Statuen habsburgischer Kaiser, ein Ausdruck der Verbundenheit des Klosters mit dem Haus Habsburg.

Über Klosteranlage und Basilika äußerte der Kunsthistoriker Georg Dehio, daß dies eine der ersten und gewaltigsten Leistungen des deutschen Barock sei. Seit dem Ende des Zweiten Weltkriegs finden vor allem im Sommer in der Basilika und im Kaisersaal Konzerte statt. Berühmte Dirigenten stehen am Pult und bürgen in auserlesenen Aufführungen für ein klingendes Ottobeuren.

Der nächste Ort unserer Route ist **Grönenbach**, südwestlich von Ottobeuren, auf einer Landstraße erreichbar. Der Ort liegt am Rand des Illertals, dort, wo die Endmoränen des einstigen Illergletschers auslaufen. Wie Ottobeuren ist Grönenbach ein moderner Kneippkurort, der jedoch

Hof im Illerbeurer Bauernhofmuseum.

geltend machen kann, schon vor Kneipp ein Heilbad besessen und Wasserkuren durchgeführt zu haben. Wenn Grönenbach sich zu Kneipp bekennt, so bekennt es sich gleichzeitig zu einem Mann, der Unterallgäuer war, gebürtig in Stephansried, einem Ort, der in der Nähe von Ottobeuren, im Nordosten, liegt.
Grönenbach wird von einem mächtigen *Schloß* beherrscht, das auf einem Moränenhügel liegt und von tiefen Gräben umgeben ist. Wechselvoll war sein Schicksal, wechselnd auch die Reihe der Besitzer: Den Herren von Grönenbach folgten die Grafen von Rothenstein und von Pappenheim, dann von 1613 an die Fugger. Es wundert darum nicht, daß durch viele Umbauten aus der einst mittelalterlichen Burg die Schloßanlage wurde, wie wir sie heute antreffen.
Bemerkenswert im Inneren sind verschiedene Treppenhäuser und die bemalten Stuckdecken. Eine Allgäuer Rarität ist in Grönenbach die *Kollegiatsstiftskirche St. Philipp und Jakob* als gotische Hallenkirche, der ursprünglich eine romanische Basilika zugrunde lag. Von den an dieser Kirche sehenswerten 14 Gedenktafeln ist der Sandstein-Epitaph für Ludwig von Rothenstein (gestorben 1482) ein besonderes Prachtstück mittelalterlicher Steinmetzarbeit.

Wieder fahren wir in Richtung Westen die Barockstraße entlang, finden in **Maria Steinbach** eine auf einem Hügel über der Iller thronende Kirche, die zu Recht in einem Reiseführer als »bürgerliches Gegenüber zur vornehmen Ottobeurer Basilika« bezeichnet wurde.
Frömmigkeit, wie sie in einer so bäuerlich-verträumten Hügellandschaft gewachsen sein mag, hat schon in der Fassade der Kirche mit den zwei hochangesetzten Giebeln und dem darüber hinausstrebenden Turm ein Bild geschaffen, das etwas von magischer Anziehungskraft besitzt und nachempfinden läßt, wie beeindruckt Wallfahrer beim ersten Anblick dieser Kirche gewesen sein mögen. Wer sich davon überzeugen will, der möge sich dem Ort von Leutkirch her nähern. Das einst stille Land um Maria Steinbach bildet geradezu den Nährboden für Wallfahrten, und es verwundert nicht, daß Maria Steinbach von allen Allgäuer Wallfahrten die bekannteste ist.
Schon zur spätgotischen Vorgängerkirche fanden Kreuzwallfahrten statt. 1728 rückte eine Marienfigur, Maria die Schmerzensreiche, die zur Kreuzigungsgruppe am Hochaltar gehörte, in den Mittelpunkt der Wallfahrten. Der wachsende Zustrom an Wallfahrern machte bald den Neubau einer Kirche erforderlich. 1749 wurde dafür der Grundstein gelegt, doch erst 1768 war die Kirche vollendet. Der Baumeister ist heute nicht mehr bekannt; möglicherweise war es der Prämonstratenserpater Benedikt Stadelhofer.
Der Innenraum der Kirche, in unterschiedliches Licht getaucht, zeigt eine reiche Ausstattung mit wunderbarem Rokokostuck, mit Fresken, die die Marienwallfahrt zum Inhalt haben oder die, wie die Chorfresken, auf die Kreuzwallfahrt und wie die Gewölbefresken auf die Wundertätigkeit Mariens bezogen sind. Beachtlich sind auch die plastischen Werke, vor allem die Statuen des heiligen Longinus und des Joseph von Arimathia.
Im 18. Jahrhundert erreichten die Wallfahrten nach Maria Steinbach ihren Höhepunkt. Leidgeplagte von nah und fern suchten bei der Muttergottes Zuflucht. Alte Mirakelbücher geben Kunde von ihren Nöten. Der Bittsteller von heute indessen schreibt seine Kümmernisse häufig auf Zettel, die an Schnüren an der Wand hängen. Befreiung erhofft er sich von Ehe- oder Schulproblemen, von Geldsorgen, von Ängsten um die Kinder, von Krankheit, und immer wieder wird die eindringliche Bitte um Frieden angeführt. Die Wallfahrt »Maria Steinbach« lebt weiter – im Mai, wenn das Allgäu »Blüte trägt«, und im Herbst, wenn sich die Natur einzuwintern beginnt, kommen die meisten Pilgerzüge, sprich Omnibusse mit Pilgern nach Maria Steinbach.

Die Weiterfahrt nach **Illerbeuren** in nordwestlicher Richtung führt uns durch die reizvolle Hügellandschaft des Illerwinkels.
Unser Ziel ist dieses Mal vorwiegend musealer Art; es ist das *Illerbeurer Bauernhofmuseum*, eines der schönsten der rund 40 Museen des Allgäus. Es wird als »Dorf im Dorfe« bezeichnet, weil das Ensemble aus alten Bauernhäusern mit Backhaus, Stall, Stadel, Schmiede und Kapelle dem Dorf eingegliedert wurde. Als Museum wurde es 1955 eröffnet. Eine Führung durch dieses Dorf wird zum Gang durch das alte bäuerliche Leben und seine Kultur. Ein Tropfen Wermut ist doch bei alledem dabei, wenn sich die Frage stellt: Was

Memmingen: Von offenen Kanälen durchzogen.

füllt heute die Lücken dort, wo einst jedes der Museumshäuser seinen ursprünglichen Standort hatte? Wie berechtigt diese Sorge ist, die darin anklingt, wird jeder verstehen, der offenen Auges durch unsere Dörfer fährt und immer wieder die Zerstörung der gewachsenen Strukturen antrifft.

Von Illerbeuren mit seinem altbäuerlichen Kern wenden wir uns nach Norden, dem etwa 20 Fahr-

minuten entfernten **Memmingen** zu. Die Stadt liegt am Rand eines Tals, dort, wo sich einst der Illergletscher zur Zeit der Eisschmelze eine Abflußrinne geschaffen hatte.
Memmingen, die alte reichsfreie, geschichtsträchtige Stadt, war und ist durch ihre Lage an wichtigen Verkehrswegen wirtschaftlich begünstigt. Memmingen ist eine Gründung Herzog Welfs VI., die etwa zeitgleich mit der Gründung Münchens verlief. Zwei wichtige Handelsstraßen begünstigten die wirtschaftliche Entwicklung der Stadt: Die Ost-West-Salzstraße von Salzburg nach Ravensburg und die Strecke von Augsburg in Richtung Bodensee. Mit dem Tod Welfs VI. ging Memmingen bereits 1191 an die Staufer über.
An die mauerbewehrte Welfenstadt mit vier Toren wurde um 1230 im Osten die Stauferstadt, 1345 im Süden die Oberstadt angeschlossen und ummauert. Schließlich kam 1445 noch die Vorstadt dazu. 2850 Meter lang war nun die alle Teile umfassende Stadtmauer, bewehrt mit 32 Türmen. Dieser Umfang Memmingens blieb bis ins Jahr 1847 unverändert.
Glanz und Elend kennzeichneten den Weg der Stadt durch die Jahrhunderte. Der Großhandel mit Salz und Wein schuf Wohlstand und ließ Patrizierhäuser, getragen vom Selbstbewußtsein einer wohlhabenden Kaufmannsgilde, entstehen. Die Ausfuhr von Webwaren, insbesondere von Leinwand und Barchent im 14. Jahrhundert, machte die Weberei bis ins 16. Jahrhundert zum wichtigsten Gewerbe der Stadt. Faktoreien der Memminger Handelsgesellschaften waren weltweit zu finden. Zusätzlich zu den Märkten in der Stadt, wie dem wöchentlichen Markt an Dienstagen und dem vier Tage dauernden Herbstmarkt, gab es die Messen, die die Memminger Kaufleute in Zürich, Genf, Lyon und anderen europäischen Städten besuchten. Hundert Stadtbauern und die zu elf Zünften zusammengeschlossenen Handwerker versorgten die Stadt mit lebenswichtigen Gütern. Kriege und Seuchen beutelten die Stadt im Lauf ihrer Geschichte. Bomben zerstörten im Zweiten Weltkrieg 15 Prozent des Memminger Wohnraums.
Memmingen von heute, das ist das guterhaltene Bild der alten Reichsstadt mit dem in seiner Geschlossenheit eindrucksvollen *Marktplatz*, das ist das *Renaissancerathaus* mit der eindrucksvollen Rokokofassade, das sind sehenswerte Patrizierhäuser wie das *Fuggerhaus*, das namhafte Persönlichkeiten der Geschichte zu Gast hatte, das *Kramerzunfthaus*, in dem die Bauern ihre zwölf

Blick vom Memminger Marktplatz zum Westertor.

Artikel verfaßten, das interessante *Siebendächerhaus* und neben anderen der *Hermannsbau*, in dem heute das Memminger Museum untergebracht ist.
Dazu kommen noch zwei evangelische Kirchen: Die *Martinskirche* mit einem herrlichen holzgeschnitzten Chorgestühl, mit Gemälden von Mitgliedern der bekannten Memminger Malerfamilie Strigel; in dieser Kirche hielt Christoph Schappeler seine reformatorischen Predigten. In der zweiten Kirche, der *Frauenkirche*, finden wir ebenfalls Arbeiten der erwähnten Malerfamilie, nämlich einen Freskenzyklus von Hans Strigel d.Ä. und d.J. Die ehemalige Kreuzherrenkirche, spätgotisch dem Stil nach, von Matthias Stiller mit Wessobrunner Stuck ausgestattet, wird heute als Konzert- und Ausstellungsgebäude genutzt. Ein Rundgang entlang der alten, teils erhaltenen Stadtmauer vervollständigt das Bild der Altstadt.
Memmingen heute ist aber auch das Bild einer modernen Industriestadt. Hier blüht das Gewerbe; werden Maschinen, Textilien, Elektroartikel hergestellt; hier verarbeiten ein Schlachthof und Molkereien die landwirtschaftlichen Produkte aus dem bäuerlichen Umland.
Memmingen, das ist geballter Allgäuer Fleiß. Daß der Nährboden einer solch rührigen Stadt besondere Blüten trieb und treibt, mag ein kleiner Streifzug durch die Geschichte zeigen. Es war in Memmingen, wo die erste Nibelungenhandschrift auftauchte, wo vor 500 Jahren bereits, wie eine Chronik berichtet, das erste Auto mit Spezialantrieb fuhr, wo, wie erwähnt, die »12 Artikel« von den rebellischen Bauern verfaßt wurden, wo es wie in Nürnberg eine Meistersingerzunft gab, die sich zäh bis ins 19. Jahrhundert hielt. Und es war Memmingen, das ins Gespräch kam, als seine Bürger versuchten, den »Mau«, das heißt den Mond aus dem Stadtbrunnen zu fischen. Und Memmingen war es auch, das 1989 mit einem Abtreibungsprozeß Schlagzeilen machte.
Wo gearbeitet wird, wird auch gefeiert. Brauchtumstreu halten die Memminger an ihrem Kinderfest und dem anschließenden Fischertag Mitte Juli fest, an dem traditionsgemäß der Stadtbach ausgefischt wird. Wer den größten Fisch fängt, wird zum Fischerkönig gekürt. Neuerdings sorgt ein Stadtfest für ein bürgerliches Stelldichein auf dem Marktplatz, wobei natürlich Bier und Blasmusik die feuchtfröhlichen Begleiter sind. Den heimischen Künstlern verschafft das Kulturprogramm »Memminger Meile« die Bretter, die die Welt bedeuten. Die schönsten Plätze, Innenhöfe und Saalgewölbe stellt die Stadt zur Verfügung, so daß der Thespiskarren rollen kann.

Man sollte die Tour nicht beenden, ohne die Kartause in **Buxheim**, das fünf Kilometer nordwestlich von Memmingen entfernt liegt, besucht zu haben. Die ehemalige *Reichskartause* ist das einzige noch gut erhaltene Kloster dieser Art. Dieses Kloster darf im wesentlichen als Werk der Zimmermanns bezeichnet werden. Sehenswert sind vor allem der Bibliothekssaal, die Marienkapelle, auch der Kartäusergarten. Ein Juwel ist die Priorenkapelle St. Anne, die die »Kleine Wieskirche« genannt wird. In Buxheim rundet sich das Bild vom Unterallgäu als dem großen Kirchen-Freilichtmuseum des gesamten Allgäus.

Mittelalterliche Städte am Weg zum Bodensee

Leutkirch – Zeil – Isny – Lindenberg – Wangen – Lindau

Von Memmingen gelangt man auf der B 18 in südwestlicher Richtung nach dem rund 24 Kilometer entfernten Leutkirch. Zuvor sollte man nicht versäumen, in **Mailand**, einem Ort kurz vor Leutkirch, eine Landstraße in nordwestlicher Richtung nach **Schloß Zeil** zu nehmen. Auf dem 700 Meter hohen Schloßberg bietet der vierflügelige Bau mit Eckpavillons ein imposantes Bild. Das Schloß steht an der Stelle einer mittelalterlichen Burg, die sich seit 1337 im Besitz der Truchsessen von Waldburg befand, denen das 1598 unter Truchseß Froben begonnene und erst 1888 vollendete Schloß noch heute gehört. Eine so lange Bauzeit und ein so langes Besitztum sind eine Besonderheit. Leider ist das Schloß für die Öffentlichkeit nicht zugänglich. Der gärtnerisch gepflegte Innenhof mit Brunnen und Spazierwegen lohnt den Besuch, vor allem wegen des herrlichen Blicks nach Süden über das Allgäu hin bis ins Berner Oberland.

Schloßbesitzer ist heute Georg Maria Konstantin Ignatius Antonius Felix Augustinus Wunibald Kilian Bonifacius Reichstruchseß und siebter Fürst von Waldburg zu Zeil und Trauchberg. Der in seiner Kleidung bescheiden, fast unscheinbar auftretende Fürst gehört zu den reichsten Männern der Bundesrepublik. Über zwei Prozent des Allgäuer Landes sind in seinem Besitz. Er ist an einer Reihe moderner Kliniken finanziell beteiligt und ist alleiniger persönlich haftender Gesellschafter und Herausgeber der »Schwäbischen Zeitung«.

Wir fahren nun zur B 18 zurück und sind bald in **Leutkirch**. Ein Gang durch die Stadt führt uns auf der Marktstraße ins Zentrum. Dort am Marktplatz befindet sich das *Rathaus*, von eng gedrängten Bürgerhäuern umgeben. Erbaut wurde es 1734 bis 1741 auf der Stelle seines baufälligen Vorläufers. Die Front besticht durch feine Gliederung, leicht stuckierte Fenster und einen kleinen Erker. Wertvoll im Inneren sind die schönen Stuckdecken, besonders die des Rathaussaales. Johann Schütz, ein Schüler Dominikus Zimmermanns, hat sie geschaffen. Was beim Rundgang darüber hinaus besichtigt werden sollte, sind der *Bocksturm*, der das Heimatmuseum beherbergt und einen Saal für kulturelle Veranstaltungen stellt, das *Kornhaus* am Marktplatz mit seinem Fachwerkerker, der *Zehentstadel* und die evangelische *Pfarrkirche zur Heiligen Dreifaltigkeit*. Sie war die erste dreischiffige Predigersaalkirche im schwäbischen Oberland.

Anschließend kommen wir am Pulverturm vorbei zur katholischen *Pfarrkirche St. Martin* am Marienplatz. Sie wirkt als Baukörper ebenso wuchtig wie einst die namensgleiche Vorgängerin. Das Mittelschiff der dreischiffigen Hallenkirche ist erhöht und mit einem bestechenden Netzgewölbe und Schlußsteinen versehen. Demgegenüber ist die Inneneinrichtung, von Einzelheiten abgesehen, eher spärlich. Ein Service für die Besucher sind die Hinweisschilder an historisch interessanten Häusern, die über wichtige Daten informieren. So weist zum Beispiel eine Gedenktafel die seit dem Dreißigjährigen Krieg bestehende Apotheke als Geburtshaus der streitbaren Bürgermeisterin von Schorndorf namens Barbara Walch-Künkhelin aus.

Was in Leutkirch einen Rundgang angenehm macht, ist die beschauliche Kleinstadtatmosphäre, die ein gemütliches Bummeln erlaubt. Wer sich einen Überblick und eine großartige Fernsicht verschaffen will, sollte sich Zeit für eine Wanderung auf die Wilhelmshöhe nehmen.

Das »Paradies« bei Oberstaufen: Eine idyllische, nur wenig besiedelte Landschaft im Voralpengebiet.

Die Weiterfahrt nach Isny und dann nach Lindau wird zur Landstraßentour. Zunächst halten wir uns streng südlich, kommen durch **Friesenhofen** mit seinen schönen, alten Bauernhäusern, durch **Rimpach** mit einem *Jagdschloß* der Herren von Trauchberg und biegen schließlich vor Rohrdorf südwestlich nach **Isny** ab.

Diese kleinste aller damaligen Reichsstädte bietet das Bild einer städtebaulichen Idylle in sanfter Hügellandschaft. Der heutige Kurort hat an Sehenswertem einiges zu bieten. Da ist die evangelische *Nikolaikirche*, deren Vorläuferin, die Pfarrkirche, zusammen mit der Klosterkirche 1284 einem Brand zum Opfer gefallen war. Lediglich die Umfassungsmauern waren von der Säulenbasilika erhalten geblieben. Die Erneuerung im Jahr 1636 orientierte sich an der gotischen Anlage.

Bemerkenswert sind der spätgotische Chor mit einem Netzrippengewölbe, die flache Renaissancekassettendecke mit maureskenartiger Bemalung, die geschnitzte Kanzel und die Bibliothek, die sich über der Sakristei befindet. Sie umfaßt mehr als 1800 Bände und wird als eine der besterhaltenen mittelalterlichen Prädikantenbibliotheken betrachtet.

Die katholische *Stadtpfarrkirche St. Georg* wurde von 1660 bis 1666 als Hallenkirche in Nachfolge zur ehemaligen Benediktinerkirche errichtet. Das gelungene Zusammenspiel von Rokokostuck, Malerei und Architektur trugen der Kirche den Namen »Rokokoperle des Westallgäus« ein.

Das *Rathaus* von Isny ist nach der Formel »Aus drei mach eins« zustande gekommen, es vereinigt nämlich drei ehemalige Patrizierhäuser in sich. Seine malerische Fassade wird von Erkervorbauten und Arkaden bestimmt, an der Innenausstattung bestechen schöne Holzdecken, Holztäfelung, Hochbarockstukkaturen und ein Fayencekachelofen der Winterthurer Hafnerei. Sehenswert sind auch die ehemalige *Reichsabtei*, die heute Altersheim ist, und die mittelalterliche Stadtbefestigung.

Unser nächstes Ziel ist **Lindenberg**. Die B 12 nach Lindau, die wir zunächst nehmen, verlassen wir schon nach kurzer Fahrt mit Kurs nach Süden. An der Strecke liegt der Ort **Gestratz**, in dessen *Pfarrkirche* 1935 Fresken freigelegt wurden, die Hans Strigel d. Ä. zugeschrieben werden, von dem auch die Fresken im nahen Zeil stammen.

Lindenberg an der Queralpenstraße ist ein Ort mit interessanter Entwicklung. Zwei Gesichter prägen ihn, das einer Industriestadt und das eines Luftkurorts, und erstaunlicherweise funktioniert diese Kombination. Die Stadt ist wirtschaftlich gesund und auf Lebensqualität bedacht. Das war lange nicht so, denn noch 1570 nannten die Lindenberger ihren Ort »das ärmste Dörflein auf weiter Flur«. Seit dem Dreißigjährigen Krieg ging es aufwärts, denn Lindenberg wurde Sammelplatz des deutsch-italienischen Pferdehandels.

Durch diesen Pferdehandel kam die Stadt auf die Hutherstellung, zu der die Pferdehändler angeregt hatten. Zunächst handelte es sich um Strohhüte. 1755 wurde die erste Hutcompanie ins Leben gerufen. War bis dahin die Hutherstellung und der Handel mit Hüten ein mühevolles Geschäft, so ging es nun wesentlich leichter und wirtschaftlich rapide aufwärts. 1885 gab es in Lindenberg 23 größere und kleinere Strohhutfabriken. Die Qualität der Hüte und ihre geschmackvolle Form verschafften der Stadt den Namen »Klein Paris«.

Die wenigen Hutfabriken beschäftigen heute etwa ein Sechstel der industriellen Arbeitnehmer. Das *Hutmuseum* bietet einen Überblick über die Entwicklung dieses Industriezweiges. Ein Besuch kann nur empfohlen werden.

1933 kam als ein weiterer Industriezweig die Schmelzkäseindustrie hinzu und nach dem Zweiten Weltkrieg eine Kleiderfabrik, Flugzeugfahrwerke sowie Hydraulikanlagen und eine Kartonagenfabrik.

Das heutige Lindenberg ist eine aufgelockerte Gartenstadt. Wahrzeichen ist die zweitürmige neue *Stadtpfarrkirche*, die nach einem Entwurf von Professor Franz Rank aus München erbaut wurde. Die alte *Pfarrkirche St. Aurelius* ist wegen ihrer schönen Rokokoausstattung sehenswert.

Wangens Oberstadt steht unter Denkmalschutz; herausragend die Herrenstraße mit dem Ravensburger Tor.

Nur noch selten sind im Allgäu solche originalgetreu erhaltenen Bauerngärten wie dieser in Blaichach zu finden.

Auch dem kunsthistorisch Interessierten hat Nesselwang einiges zu bieten. Das betrifft in kirchlicher Hinsicht weniger die Pfarrkirche St. Andreas als die *Wallfahrtskirche Maria Trost*. Sie liegt südlich von Nesselwang, in einer Waldlichtung auf dem Wankerberg, ungefähr zwei Kilometer entfernt. Der Hochaltar, die Deckenbilder von Balthasar Riepp und das Emporenfresko, das Matthäus Günther zugeschrieben wird, lohnen den Weg zum Kirchlein hinauf. Nimmt man den Kalvarienbergweg, kann man sich an den Sprüchlein des Kreuzwegs erfreuen. Zu Nesselwang ist anzumerken, daß es zwei Brauereien und für den, der noch tiefer in den Krug schauen möchte, ein *Brauereimuseum* gibt.

Wir verlassen Nesselwang in nordöstlicher Richtung. Nach kurzer Zeit sind wir in Oy und dann in dem einen Kilometer entfernten **Mittelberg**, das fast 1000 Meter hoch inmitten der hügelbewegten, wälderreichen Voralpenlandschaft liegt. Vom Südhang der Geralde aus bietet der Kneipp- und Luftkurort einen herrlichen Blick über die Alpenkette. Das Bild des Ortes selbst wird von der *Pfarrkirche St. Michael* beherrscht, die etwas erhöht liegt. Sie stammt aus dem 14. Jahrhundert, trägt heute aber den Stempel des Umbaus aus dem Jahr 1769. Nur der wehrhafte Satteltum zeigt noch 14. Jahrhundert an. Besondere Beachtung verdienen die Fresken von Franz Anton Weiß, das Altarblatt des Hochaltars von Anton Zeiller und die ansprechende Kanzel mit Reliefverzierung. Kirche mit Pfarrhof und nur einige Häuser überstanden einen Brand, der im Jahr 1822 in Mittelberg gewütet hatte. Früher gab es eine Burg, die den Herren von Mittelberg gehörte und oberhalb der Kirche lag. An die Plage durch die Pest erinnert noch ein *Pestfriedhof*.

Bad Oberdorf besitzt eine alte Hammerschmiede und zwei bekannte Kirchen, Mariä Himmelfahrt und St. Jodok.

Blaskapellen gehören zu Umzügen im Allgäu.

Nun geht es nach Süden, auf der B 310 den Bergen entgegen. Am Grüntensee vorbei gelangen wir nach **Wertach**. Die auch dort erhöht liegende Kirche bietet mit dem Ort ein hübsches Bild vor dem sich südlich im Hintergrund erhebenden Grünten, dem Wetterpropheten der Wertacher nach der alten Regel: »Trägt der Grünten einen Hut, wird das Wetter gut, trägt er einen Degen, gibt es Regen.«

Wertach, die höchstgelegene Marktgemeinde Deutschlands, wurde 1423 zum Markt ernannt. Im Lauf seiner Geschichte hatte der Ort unter mehrmaligen Feuersbrünsten, zuletzt im Jahr 1893 zu leiden. Der fiel auch die Pfarrkirche St. Ulrich größtenteils zum Opfer, was wegen der Arbeiten des Stukkateurs Kaspar Feichtmayr einen großen Verlust bedeutet. Kunsthistorisch interessant ist die kleine Pestkirche, die *Kapelle St. Sebastian* an der Straße nach Nesselwang, die »Kleine Wieskirche« genannt wird, weil Chor und Emporenumgang von Bernhard Metz, dem Baumeister und Stukkateur der Kapelle, erkennbare Züge der Wieskirche tragen. Die Deckenfresken und das Altarblatt stammen von Franz Anton Weiß. Äußerlich weist die Kapelle in einigen Teilen verwandte Züge zur Kirche St. Koloman bei Schwangau auf. Wertach besitzt ein *Heimatmuseum*, wo man unter anderem Bilder des einheimischen Malers Franz Sales Lochbichler sehen kann. Im Ort gibt es auch eine dreihundertjährige Hammerschmiede, in der immer noch der Hammer geschwungen wird. Wie viele Orte in dieser herrlichen Umgebung ist auch Wertach Luftkurort und Wintersportzentrum.

Von Wertach weiter nach Süden fahrend, kommt man mit der B 310 über Unterjoch nach **Hindelang**, dem Mittelpunkt vieler Ortschaften im 20 Kilometer langen Ostrachtal.

1435 wurde Hindelang, das bereits 1150 unter diesem Namen Erwähnung fand, zur selbständigen Pfarrei erhoben. Die Lage an der alten Salzstraße und damit der Salzhandel sorgten für frühen Wohlstand und machten diesen Handel im 17. und 18. Jahrhundert zum Wirtschaftsfaktor ersten Ranges. Damals waren täglich rund 300 Pferde unterwegs. An diese Zeit erinnert noch heute das *»Haus mit den drei Kugeln«*, das einstens Salzfaktorei war, und der *Salzfahrerbrunnen*, der

die Inschrift trägt: »Hindelanger Frächter holten das Salz übers Joch 1540–1823«. Der Fuhrmannsrock als hier übliche historische Tracht ist ebenfalls Zeuge jener Zeit.
Im Hintersteiner Tal wurde auch Erz abgebaut. Das bedingte, daß im 15. Jahrhundert im **Ostrachtal** eine der großen Reichswaffenschmieden entstand und daß heute noch Waffen-, Pfannen-, Schellen- und Nagelschmiede in Hindelang anzutreffen sind. Doch damit nicht genug: Wir finden immer noch den Holzschnitzer, Drechsler, Dirndlsticker und den Töpfer am Werk, und natürlich darf der Käser nicht fehlen.
Das alles paßt in das dörfliche Bild, das Hindelang in noch weitgehend unverdorbener Landschaft glaubhaft vermittelt. Das trägt auch dazu bei, daß Hindelang zu den beliebtesten Kur- und Erholungsorten des Oberallgäus zählt. In Kurhotels und Kurheimen finden wir moderne Anlagen für Kneipp- und Moorkuren. Der Erholung dienen Spazier- und Wanderwege in einer Länge von 80 Kilometern. Schneesichere Wintersportorte wie Unterjoch und Oberjoch mit einem Netz von Loipen, die eine Länge von 42 Kilometern ausmachen, stehen auf dem Wintersportprogramm.
Auch für den Kulturhungrigen ist gesorgt. Zu den Sehenswürdigkeiten in Hindelang zählt das dreigeschossige *Rathaus*, das 1660 für den Fürstbischof als Jagdschloß erbaut wurde, in dem sich eine frühbarocke, mit Wessobrunner Stuck verzierte Kapelle befand, die heute als Trauungszimmer verwendet wird. Kostbarkeiten findet man in der *Kirche* in **Bad Oberdorf**, das zu Hindelang gehört und nur einen halben Kilometer in östlicher Richtung entfernt liegt. Da sind der meisterhafte Altar von Jörg Lederer mit der Marienkrönung im Mittelschrein, ein hervorragendes Marienbild von Hans Holbein d.Ä. und im Seitenschiff ein Palmesel, der der Schule von Hans Multscher zugeschrieben wird. Diese Kirche muß man besucht haben. Bad Oberdorf zeichnet sich noch durch einige stattliche Bauernhäuser, alte Schmieden und das bekannte *Prinz-Luitpold-Bad* aus, das eine eigene Schwefelquelle besitzt.

Als letzte Station fahren wir das 6,5 Kilometer entfernte **Hinterstein** an. Wer nach einer längeren Autofahrt Lust hat, sich die Füße zu vertreten, dem bieten sich dort viele Möglichkeiten, Berghöhen von über 2000 Metern zu erklimmen, zum Beispiel den Hochvogel. Im Rundblick offenbart sich von seinem Gipfel aus die ganze Weite und Schönheit der Allgäuer Bergwelt.

Bergriesen, Täler und Schluchten

Sonthofen – Oberstdorf – Riezlern – Mittelberg

Im Westen von Hindelang liegt am Zusammenfluß von Iller und Ostrach **Sonthofen**, die südlichste Stadt Deutschlands. 839 erwähnte eine Urkunde des St. Gallener Klosters erstmals den Ort, 1429 erhielt er das Marktrecht, wurde 1963 dann Stadt. Kriege waren auch für die Sonthofener Leidenszeiten. Im Dreißigjährigen Krieg wurde es mehrfach geplündert, nach der Französischen Revolution von französischen Truppen heimgesucht, und im Zweiten Weltkrieg war die NS-Führungsschule auf der Ordensburg Ziel eines amerikanischen Bombenangriffs. Dabei wurden auch die Martins- und Spitalkirche zerstört.
Erzabbau und Flachsanbau bildeten vormals die wirtschaftliche Grundlage. Heute finden wir in Sonthofen das Staatliche Hüttenwerk (BHS-Werk), das auf die frühere Verhüttung zurückgeht, eine Strumpffabrik und Elektroindustrie.
Eine wesentliche Einnahmequelle ist der Fremdenverkehr. Ein Netz an Spazier- und Wanderwegen führt in die herrliche Umgebung und erschließt die Sehenswürdigkeiten umliegender Orte. Ein Erlebnis ist der Ausflug in die *Starznachklamm* bei Winkel, die, abgesehen von der wilden Schönheit der Schlucht und dem neun Meter hohen Wasserfall, auch geologisch interessant ist, weil an diesem Fleck neben Stadschiefer und Erzkalken 15 verschiedene Nummuliten vorkommen. Dem Mutigen bietet das Sommerprogramm Wildwasserfahrten im Kanu oder Höhenflüge mit einem Drachen an. Wer der Geschichte auf die Spur kommen will, für den ist die *Ruine Fluhenstein*, die zu den beeindruckendsten und besterhaltenen des Allgäus zählt, ein geeignetes Ziel.
Sonthofen selbst bietet als Sehenswürdigkeiten die *Pfarrkirche St. Michael* mit den vier Kirchenvätern am Hochaltar, die von Anton Sturm stammen, die *Friedhofskapelle St. Sebastian und Afra* mit zwei allgäuischen Altarflügelbildern, die *Frauenkapelle* und vor allem das *Heimathaus*, ein altes Bauernhaus, das als Museum dient. Es führt in die frühe Wohnkultur dieses Gebirgsraums ein und zeigt Utensilien des bäuerlichen Alltags, aber auch Volkskunst wie eine Weihnachtskrippe, die die größte im Oberallgäu ist.
Bekannt ist in diesem Ort das Egga-Spiel, in dem eine Hexe mit vermummten Bauernburschen ihr Possenspiel treibt, bis sie gejagt und schließlich eingefangen wird.

Im Hintersteiner Tal bei Hindelang zeigen große, schindelversehene Häuser den Wohlstand ihrer Bewohner an.

Von Sonthofen aus fahren wir geradewegs nach Süden ins Herz der Allgäuer Alpen, in Deutschlands südlichst gelegene Gemeinde **Oberstdorf**. Der Ort liegt in einem Kessel, den halbkreisförmig von Westen über Süden nach Osten ein Kranz majestätischer Berge säumt, von denen 16 die 2500-Meter-Grenze überragen. Strahlenförmig laufen zehn Täler auf das Oberstdorfer Becken zu, und im Norden des Ortes vereinen sich die drei Quellflüsse Breitach, Stillach und Trettach zur Iller.

Funde lassen darauf schließen, daß bereits in der Steinzeit Menschen in diesem Raum hausten. Oberstdorf selbst ist eine alemannische Gründung mit urkundlicher Erwähnung im Jahr 1141. Existenzgrundlage der Bewohner war die Landwirtschaft. Ein Maierhof der Alpgaugrafen war der Ausgangspunkt für die Gründung einer Pfarrei und den Bau einer Kirche. 1495 erhielt der Ort das Marktrecht. Im Jahr 1800 besetzten die Franzosen Oberstdorf, dessen Einwohner auf der Seite Andreas Hofers gegen Napoleon kämpften. 1865 wurde der Ort von einem Feuer heimgesucht, damals brannte der Mittelteil des Ortes ab. All das ist Vergangenheit. Aus dem Bauerndorf ist ein Weltdorf geworden. Die Lage inmitten einer herrlichen Bergwelt und der anwachsende Fremdenverkehr machten es zum beliebtesten Urlaubsort, die günstigen Wetterbedingungen zum heilklimatischen und Kneippkurort, und schließlich sind es die Skireviere mit günstigen Schneeverhältnissen und geeignete Sportanlagen wie zum Beispiel ein Eisstadion, die *Heini-Klopfer-Skiflugschanze*, eine der größten der Welt, die Oberstdorf als internationalen Wintersportort ausweisen.

Das vielfältige Angebot an Sport-, Erholungs- und Kurmöglichkeiten erklären den Run auf Oberstdorf und die ständig steigende Gästezahl.

Im Programm des Bergdorfs gibt es Wandern, Bergsteigen, Ski- und Eislaufen, Rodeln und Skibobfahren; Reiten, Golfen, Schwimmen, Tennisspielen, Kegeln und noch einiges mehr. Dafür stehen ein Wanderwegnetz von 190, Skipisten von 40 und Langlaufloipen von 160 Kilometer Länge zur Verfügung. Wer seiner Gesundheit nachjagt, dem bietet Oberstdorf Kneippkuren, heilklimatische Kuren und Schrothkuren an. Für kulturelle Veranstaltungen, wie zum Beispiel Konzerte und Ausstellungen, gibt es ein modernes Kurhaus. So gesehen ist Oberstdorf ein Ballungszentrum an Erholungsmöglichkeiten. Wer einen Blick in die Oberstdorfer *Pfarrkirche* werfen will, der findet dort unter anderem eine Madonna, die der Strigelschen Schule zugeschrieben wird, sowie Gemälde der Brüder Schraudolph aus Oberstdorf im Nazarenerstil.

Die *Kriegergedächtniskapelle* war ursprünglich ein Beinhaus, das im späten 15. Jahrhundert errichtet wurde. Interessant sind an der Nordseite die Fresken aus dem 16. Jahrhunderts. Die Kapelle steht im Friedhof parallel zur Pfarrkirche. Eine weitere Besonderheit sind drei Kapellen, die am Weg zum Weiler Birgsau liegen. Die erste ist die *Appachkapelle*. Sie ist die kleinste und älteste. Das beweisen ein spätgotischer Freskenzyklus, der die Heilsgeschichte darstellt, und die spätgotischen Figuren der Heiligen Wolfgang und Sebastian. Aus späterer Zeit stammt ein Auferstehungschristus. Die nächste Kapelle, die *Marienkapelle* wurde gebaut, weil die Appachkapelle dem Besucherstrom nicht gewachsen war. Sehenswert sind vor allem der Altar des Füsseners Anton Sturm und ein Gemälde von Claudius Schraudolph, das Maria als Himmelskönigin darstellt. Auch in der größten der Kapellen, der *Josephskapelle*, die 1671 errichtet wurde, finden wir Bilder von Claudius Schraudolph, und zwar am Hochaltar und an den Seitenaltären. Beachtlich ist auch der Palmesel des Bildhauers Franz Xaver Schmädl, eines gebürtigen Oberstdorfers.

Zurück nach Oberstdorf zum *Heimatmuseum*. Es ist in einem alten, vom Brand verschont gebliebenen Bauernhaus untergebracht. Gesammelt wird, was Heimat- und Volkskunde betrifft. Dargestellt sind Wohnkultur, Trachten, Brauchtum, daneben auch Alpwirtschaft und Sennerei; für Sportler mag die Ausstellung zur Entwicklung des Skilaufens interessant sein.

Ein Paradestück der Natur, das aufzusuchen man nicht versäumen sollte, ist die *Breitachklamm*. Der Weg dorthin führt zunächst auf die Sonthofener Straße und biegt dann mit der Straße nach Tiefenbach links ab zum Schluchteingang. Die Anfahrt mit dem Auto dauert etwa 20 Minuten, zu Fuß braucht man eineinviertel Stunden.

Die Klamm ist das Werk der Breitach, die dort einen mächtigen Felsstock durchbricht. Ihrer Art nach gilt sie als einmalig in ganz Europa. Im Winter, wenn sie ihr eisiges Gewand trägt, auf dem die Sonne kristallene Lichtspiele entfacht, dann wirkt die Klamm ganz besonders als das, was sie ist: ein Wunderwerk der Natur.

Das 15 Kilometer lange **Kleine Walsertal** ist eines der zehn auf Oberstdorf zuführenden Täler. Gewaltige Felsberge säumen das Tal. Da sind der Elferkopf, der Widderstein und neben anderen der Hohe Ifen mit dem berühmten Gottesacker, einer von bizarrer Felsbildung und schroffen Gletscherspalten geprägten Gebirgslandschaft. Nur von Oberstdorf her ist das Tal zugänglich. Poli-

In Oberstdorfs ländlichen Nachbargemeinden können Besucher erholsame Ferien verbringen.

tisch gehört es zu Österreich, ist aber deutsches Zollgebiet. Walliser Bauern, die auf Landsuche waren, haben es um 1300 besiedelt. Nachdem Herzog Siegmund von Tirol es erobert hatte, kam es zu Österreich, wurde 1806 bayerisch und wurde durch den Wiener Kongreß wieder den Österreichern zugesprochen. Heute ist das Tal wegen seiner landschaftlichen Schönheit und der vielen Wander- und Klettermöglichkeiten ein beliebtes Ferienziel.

Auch kulturgeschichtlich Interessantes hat es zu bieten. Da ist die *Pfarrkirche* von **Riezlern**, die sich heute in neuromanischem Stil zeigt und die Martin von Feuerstein ausgemalt hat. Im *Walsermuseum* wird die Geschichte des Tals anhand von Handwerk, Brauchtum und Kunst dargestellt.

Besondere Aufmerksamkeit verdient die *Maria-Hilf-Kapelle* in **Unterwestegg**, einem Ort, der nördlich von Riezlern liegt und in einer halben Stunde erreichbar ist. Die Kapelle birgt einen der schönsten spätgotischen Altäre Österreichs, dessen Künstler unbekannt ist. Als Herkunftsort des Altars wird das Pustertal angenommen.

Südlich von Riezlern, weit hinten im Tal, befindet sich der Höhenluftkurort und beliebte Wintersportort **Mittelberg**. Er liegt im Schatten seines Wahrzeichens, des 2531 Meter hohen Widdersteins, und das Ortsbild wird von einer spitztürmigen *Kirche* mit gotischem Schnitzwerk und arabischen Schriftzeichen, wie sie dort erstmals im Alpenraum auftraten, geprägt. Erbaut wurde diese Kirche im Jahr 1371, einmal verändert 1463.

Die Annakapelle in Oberstdorf, ein origineller Holzbau.

Das Kleine Walsertal ist ein beliebtes Wander- und Wintersportgebiet, das politisch zu Vorarlberg gehört.

Auf Kneipps Spuren durch die idyllische Voralpenlandschaft

Bad Wörishofen – Irsee – Kaufbeuren – Marktoberdorf – Roßhaupten – Seeg

Auf halbem Weg von Buchloe nach Mindelheim zweigt von der B 18 eine Landstraße in Richtung Süden nach **Bad Wörishofen** ab. Da liegt in der schwäbisch-bayerischen Hochebene, eingebettet in bewaldetes Hügelland, ein Ort, der den Sprung vom unscheinbaren Dörflein zum Bad mit Weltruf geschafft hat. Das Verdienst gebührt dem in Stephansried (siehe Route Mindelheim bis Buxheim) geborenen Priesterarzt Sebastian Kneipp. Im Jahr 1881 kam er als Pfarrer nach Bad Wörishofen. Das von ihm 1890/91 gegründete Sebastianeum wurde zum Auslöser für viele Sanatorien und Kurheime. So folgten zum Beispiel 1892/93 eine Kinderheilstätte, 1895/96 das Kneippianum und 1906 das Kurhaus, das 1954 und 1983 weiter ausgebaut wurde. Rund 7000 Betten stehen heute für Kurgäste zur Verfügung.

An allen Ecken und Enden trifft man in Bad Wörishofen auf Kneipps Spuren. So stellt das Dominikanerinnenkloster im *Kneipp-Museum* eine Sammlung von Erinnerungsstücken an Kneipp und Fotografien von ihm und seinem Wirken vor. Das erste *Badehaus* aus dem Jahr 1888 erinnert genauso an ihn wie die *Alte Wandelhalle* in der Promenadestraße. Das erwähnte *Alte Badehäuschen*, das zu Kneipps Zeiten im Kloster eingerichtet war, wurde zur Besichtigung in der Hartenthaler Straße aufgebaut. Wer die *Pfarrkirche St. Justina und Katharina* besucht, der begegnet auch dort Kneipp, und zwar in einem Deckengemälde des Langhauses.

Nicht weit entfernt von der Pfarrkirche ist das Kloster der Dominikanerinnen. Gegründet wurde es von den Augsburger Dominikanerinnen von St. Katharina. Die dazugehörende *Klosterkirche* baute Franz Beer, stuckiert hat sie Dominikus Zimmermann, und von seinem Bruder Johann Baptist stammen die Fresken wie beispielsweise »Mariä Verkündigung«, »Engelsturz durch den heiligen Michael« und andere. Ein Klosterbruder namens Valentin von den Augsburger Dominikanern ist der Schöpfer der Altäre.

In einer angegliederten *Marienkapelle* steht die Statue der Muttergottes von Einsiedel, die Augsburger Chorfrauen 1721 mitgebracht hatten. Sie wird von Gläubigen verehrt wie auch das »Prager Kindl«, eine Holzfigur, die mit natürlichem Haar ausgestattet und mit Stoffornat bekleidet ist. Bad Wörishofen ist, wie man sieht, für Heilserwartungen in doppeltem Sinne des Wortes gut.

Die Weiterfahrt von Bad Wörishofen in Richtung Kaufbeuren führt uns bei Pforzen auf die B 16, die von Mindelheim her kommt. Vor Kaufbeuren

biegen wir westlich nach **Irsee** ab. Der idyllische Ort ist von einer wunderschönen Hügel-, Wald- und Wiesenlandschaft umgeben.
Die Fahrt nach Irsee lohnt wegen des ehemaligen Freien *Reichsstifts der Benediktiner*. Durch eine Stiftung der Herren von Ursin im Jahr 1180 ist es aus einer Einsiedelei heraus entstanden. Die Klosterbauten wurden im großen und ganzen in den Jahren 1699 bis 1729 geschaffen, nachdem 1699 der romanische Satteltum der Vorgängerkirche eingestürzt war. Den Auftrag zum Bau der neuen Klosterkirche, die heute *Pfarrkirche* ist, erhielt Franz Beer. Die zweitürmige Kirche prägt entscheidend das Ortsbild. Äußerlich wirkt sie schlicht, die Innenausstattung hält jedoch manche Überraschung bereit, ob es sich nun um

Das Hintersteiner Tal ist landwirtschaftlich geprägt.

die phantasievollen Stuckarbeiten der Gebrüder Schmuzer, um das kunsthistorisch bedeutende Deckengemälde von P. Magnus Remy, um die golden gefaßten Flankenfiguren von Heiligen, um die puttenbesetzte Rokoko-Orgel oder um die originelle Rokoko-Kanzel, genannt die »Fischerkanzel«, handelt, die als Attraktion gilt.
Die *Klosteranlage* selbst soll von Magnus Remy entworfen worden sein. Auch dort stößt der Kunstliebhaber auf Überraschungen. So gehört das Treppenhaus zu den prächtigsten in ganz Süddeutschland; daneben findet man hervorragende Arbeiten des Tessiner Stukkateurs Francesco Marrazzi im Kreuzgang, Kapitelsaal und in der Bibliothek. Im 18. Jahrhundert wurde Irsee unter den Benediktinern zu einer Art Bildungszentrum mit mathematisch-physikalischem Forschungs- und Studienzentrum. Die Säkularisation bahnte andere Wege an: Die Stiftskirche wurde zur Pfarrkirche, das Kloster zum Rentamt umfunktioniert, wobei es teilweise auch noch als Wohngebäude genutzt wurde. Über 100 Jahre, bis 1972, diente es auch als Nervenheilanstalt. Heute ist es Schwäbisches Bildungszentrum und wird so dem Charakter des Klosters als einstigem Kulturträger besser gerecht.
Bevor man Irsee verläßt, sollte man sich das *Brauereimuseum*, das auch im Gebäudekomplex des Klosters untergebracht ist, ansehen und dann das gemütliche Klosterbräustüberl zu einer Brotzeit mit frischer Maß aufsuchen. Dort wird nämlich bewiesen, daß Klosterbrauereien es verstehen, gutes Bier zu brauen.

Von Irsee aus müssen wir zurück zur B 16, die uns in Kürze nach **Kaufbeuren** bringt. Das »Tor zum Allgäu« und »Metropole des Ostallgäus« wird diese Stadt genannt, die auf eine ereignisreiche Geschichte zurückblicken kann. Entstanden ist sie im 8. Jahrhundert, wurde 1200 durch die Staufer zur Stadt und 1268 zur freien Reichsstadt durch König Rudolf von Habsburg. Kaufleute und Handwerker sorgten für den Wohlstand der Stadt, doch Schicksalsschläge warfen sie immer wieder zurück.
All dem zum Trotz schufen die Bürger neuen Reichtum. Dazu trugen maßgebend die mechanische Baumwollspinnerei und Weberei und der Anschluß an das Eisenbahnnetz im Jahr 1847 bei. Glück hatte Kaufbeuren auch im Zweiten Weltkrieg, blieb es doch vor größerem Bombenschaden verschont, obwohl die Nazis dort einen Flugplatz und ein großes Sprengstoffwerk angelegt hatten. Anstelle dieses Werkes wurden 1946 hier Heimatvertriebene vor allem aus dem Raum um Gablonz angesiedelt. Daraus entstand vier Kilometer nordöstlich von Kaufbeuren ein neuer Stadtteil, Neugablonz genannt, dessen Glas- und Schmuckindustrie weltweiten Ruf genießt.
Zu den berühmten Persönlichkeiten der Stadt gehören die Autoren Sophie von La Roche und Ludwig Ganghofer sowie die Bildhauer Jörg Lederer und Hans Kels.
In einer Nische am Eingang des Klosterkirchleins des *Crescentiaklosters* steht der neugotische Grabschrein der seligen Crescentia. Ein Kaufbeurer Goldschmied hat ihn im Auftrag eines ungarischen Bischofs angefertigt. Anna Höß, die Tochter eines armen Kaufbeurer Webers, war von 1741 an Oberin des Klosters. Sie galt als Mystikerin, die vom Volk und von der Obrigkeit um Rat und Fürsprache angegangen wurde. Von überall kamen Hilfesuchende zu ihr. Ihre Seligsprechung erfolgte im Jahr 1900.
Mit einer Turmhöhe von 75 Metern hebt sich die *St.-Martins-Kirche* über das Dächergewirr hinaus, die 1438 bis 1443 erbaut wurde. Von einer romanischen Kirche, die vor ihr bestand, sind noch das Südportal und ein Taufbecken vorhanden. 1893 bis 1899 gestaltete man die Kirche in neugotischem Stil um, was ihrem Gesamteindruck nicht zum Vorteil gereichte. Im nördlichen Seitenschiff begegnen wir wieder Jörg Lederer, dessen Antependiumrelief dort zu bewundern ist.
Aus der Fülle weiterer Sehenswürdigkeiten, die Kaufbeuren bietet, seien noch das *Hörmannhaus*, der *Neptunbrunnen*, das *Weberzunfthaus*, die evangelisch-lutherische *Dreifaltigkeitskirche*, der *Spielbergerhof*, in dem sich seit dem Jahr 1987 ein Puppentheater befindet, sowie das *Rathaus* und das *Heimatmuseum* genannt.
Wohl einmalig ist dort die Wiebelsche Kruzifixsammlung, die Darstellungen des Gekreuzigten vom 12. bis zum 18. Jahrhundert zeigt. Diese Sammlung stammt aus dem Besitz des Irseer Pfarrherrn Richard Wiebel. Sie lockt selbst Sachverständige aus dem Ausland nach Kaufbeuren.
Weithin bekannt sind die Kaufbeurer durch ihr Tänzelfest, ein historisches Kinderfest, erstmals 1595 urkundlich erwähnt, das mit Adlerschießen und einem »Bubenschützenkönig« in die Reihe der in ganz Süddeutschland üblichen Schul- und Schützenfeste gehört.

Marktoberdorf, südlich von Kaufbeuren, präsentiert sich schon von weitem durch die *Stadtpfarrkirche St. Martin* auf dem Schloßberg, an dessen Fuß sich die Stadt erstreckt.
Die Siedlungsgeschichte dieses Ortes, der seit 1463 das Marktrecht besitzt, sich aber bis 1898 Oberdorf nannte, belegen keltische Flurnamen, Funde römischer Münzen, ein alemannisches Gräberfeld und ein fränkischer Königshof. Den Franken und Welfen folgten in der Besitzerreihe die Bischöfe von Augsburg. In deren Auftrag wurde von 1722 bis 1725 auf dem Schloßberg ein neues *Schloß* errichtet. Das alte, das einst für die bischöflichen Pröpste bestimmt war, wurde 1722 abgerissen. Baumeister des als Jagdschloß bestimmten Neubaus war Johann Georg Fischer.

Der als familienfreundlich bekannte Luftkurort Seeg liegt in einem Seengebiet.

1761 wurde das Schloß erweitert. Fürstbischof Clemens Wenzeslaus war dort bis zu seinem Tod häufiger Gast. Er ließ eine zwei Kilometer lange, von 760 Linden flankierte Allee anlegen, die Kurfürstenallee, die zu einem Tempel führte, wo Spiele gespielt oder aufgeführt, wo musiziert, aber auch diniert wurde. Es war klar, daß damals nicht jeder auf dieser Allee lustwandeln durfte; Bürgern und Bauern war dies jedenfalls untersagt. Heute ist im Schloß die Musikakademie untergebracht, und auf der Allee kann jedermann spazierengehen.

In der St.-Martins-Kirche neben dem Schloß befindet sich eine Grabkapelle zum Gedenken an Clemens Wenzeslaus, Prinz von Sachsen und Kurfürst von Trier. Sie ist eine Stiftung seiner Schwester Maria Kunigunde von Sachsen. Der Architekt dieses kleinen, ansprechenden Baus ist nicht bekannt. Die Kirche selbst wurde unter Einbeziehung eines gotischen Baus und unter Beibehaltung des alten Turms von Johann Georg Fischer neu gebaut. Namhafte Meister wie Abraham Bader trugen mit Stukkaturen, Franz Georg Hermann mit zartfarbenen Fresken, Joseph Stapf mit dem beherrschenden Altar, Anton Sturm mit hervorragend gearbeiteten Figuren dazu bei, daß diese Kirche zu den schönsten Barockbauten des Allgäus zählt. Von Fischer wurde auch das Alte Rathaus aus dem 15. Jahrhundert umgebaut. Heute ist in seinen Räumen das Marktoberdorfer *Heimatmuseum* untergebracht.

Die Weiterfahrt auf der B 16 in südlicher Richtung führt an dem nordöstlich des Auerbergs liegenden **Stötten** vorbei. Eine Fahrtunterbrechung lohnt schon der *Pfarrkirche Petrus und Paulus* wegen, die mit reichem Stuck von Johann Schmuzer und einem großen Deckengemälde von Josef Anton Keller ausgestattet ist und unter anderem eine spätgotische Monstranz aufzuweisen hat.

Mit **Roßhaupten** steuern wir einen Ort an, der, wie schon erwähnt, als Opferplatz Wotans eine heidnische Kultstätte war. Ein Besuch der *Pfarrkirche St. Andreas* in Roßhaupten führt uns zu einem eindrucksvollen spätgotischen Altarbild mit der Darstellung des Kirchenpatrons und zweier anderer Heiliger. Roßhaupten gewinnt als Ferienort an Bedeutung durch den nahen Forggensee, der für abwechslungsreichen Wassersport und Badefreuden sorgt. Erholsam sind die Spazier- und Wandermöglichkeiten in dieser Voralpenlandschaft.

Westlich von Roßhaupten, auf einer Landstraße erreichbar, liegt in einer landschaftlichen Idylle aus See, Wald, Wiese und Hügel **Seeg**, das seine Verehrer »Sonnenbalkon des Füssener Landes« nennen. Der Name Seeg leitet sich einem Chronisten zufolge von »Secken von Seeg«, einem alten Adelsgeschlecht ab. Schon 1182 wurde der Ort erwähnt. Ein barockes Schmuckstück besitzt er mit der *Pfarrkirche St. Ulrich.* Das Beeindruckende an

Die Umgebung von Fischen lädt zum Wandern, Langlaufen, Fahrradfahren und Schwimmen ein.

dieser Kirche sind die Fresken und der Stuck. Das Chorfresko, das die Schlacht am Lech beinhaltet, ist ein Werk Balthasar Riepps. Das Hauptfresko im Mittelschiff, das die Vision Papst Pius' V. von der Schlacht von Lepanto zum Thema hat, schreibt man Johann Baptist Enderle zu, von dem auch die gemalten Kreuzwegstationen an den Pilastern stammen, die zum Besten der Ausstattung zählen. Die ausgezeichnete Rocaillestuckierung rundet den großartigen Eindruck, den das Kircheninnere auf den Beschauer macht, ab. In Seeg prägt die Landwirtschaft den Ort und bestimmt maßgebend die Wirtschaft mit. Darauf beruht auch ein großes Milchwerk, das täglich etwa 60000 Liter Milch zu Käse verarbeitet. Außer einer Taschentuchfabrik und einer Werkzeugbaufirma begünstigt noch der Fremdenverkehr die wirtschaftliche Situation der Gemeinde.
Eine Besonderheit ist daneben eine Jodquelle, die zu den stärksten in Deutschland zählt. Um deren Existenz wußten schon die Römer; dem Lehrer Ferdinand Musch war es vorbehalten, sie später wiederzuentdecken. Wer sich in Seeg aufhält, dem sollte die Quelle auf jeden Fall einen Probeschluck wert sein.

Sehenswert in Marktoberdorf ist die barocke Pfarrkirche St. Martin mit dem großartigen Hochaltar.

Im Herzen des Allgäus

Kempten – Immenstadt – Fischen – Balderschwang – Oberstaufen – Grönenbach

»Metropole des Allgäus« nennt man **Kempten**, das Oberzentrum der Region, die zweitgrößte Stadt des Regierungsbezirks Schwaben, die Stadt, die mit Schlagworten wie Verkehrsknotenpunkt, Schulstadt oder Einkaufszentrum bedacht wird. Inmitten des hügeligen Alpenvorlandes mit seinen stattlichen Dörfern und Einzelhöfen liegt sie, die als eine der ältesten deutschen Städte auf einem weiten Weg durch die Geschichte zurückblicken kann.
Die erste Mitteilung über Kempten findet sich in einer Erdbeschreibung aus dem Jahr 18 n. Chr., die der aus Kleinasien stammende Geograph Strabo verfaßt hat. Cambodunum, die Römergründung aus dem 1. Jahrhundert n.Chr., lag auf dem rechten Steilufer der Iller. Später baute man eine Stadt aus Stein, die von den Alemannen zerstört wurde. Zum Zentrum der neuen und dann mauerumgebenen Stadt wurde das wegen der Ungarneinfälle an die Stelle der heutigen Residenz verlegte Kloster Mang. 1289 machte Rudolf von Habsburg die Stadt zur Reichsstadt, womit er einen Jahrhunderte währenden Konflikt vorprogrammierte, weil dadurch, daß die Stadt aus dem Hoheitsbereich des Klosters herausgelöst war, eine Trennung von Reichsstadt und Stift herbeigeführt wurde; der Abt hatte aber noch das Recht, Steuern zu verlangen, Gericht zu halten, Zoll zu kassieren und Beamte einzusetzen.
1803 kamen Reichsstadt und Fürstenstift an Bayern und wurden nun zusammengelegt. Seither gibt es nur eine Stadt Kempten. Und wie hat sie sich entwickelt? Wirtschaftlich blühte sie auf: Wir finden dort die »Süddeutsche Butter- und Käsebörse«, eine breite Palette von Industrie und Handel, Betriebe der Elektroindustrie, Papierherstellung, Verpackungsindustrie, Brauerei, Spinnerei, Maschinenbau und andere Industrien mehr. Der Kultur wird mit Theater, Konzerten, kirchenmusikalischen Veranstaltungen, mit Museen und Sammlungen und mit Stadtfesten Rechnung getragen. Das gipfelt einmal im Jahr in der Allgäuer Festwoche, mit der unter anderem auch eine Wirtschaftsausstellung verbunden ist. Kempten heute, das ist eine quicklebendige Stadt voller Tatendrang, aber auch voller Lebensfreude.
Für Touristen gibt es in Kempten eine Menge zu sehen. Da ist die *Burghalde*, ein Hügel, der früher von der Iller umflossen wurde. Sie war das letzte Bollwerk, als die Römer abziehen mußten, war dann fürstliche Abtei und Festung der Reichsstadt. 1705 ließ Prinz Eugen sie schleifen. Heute hat die Stadt dort eine Freilichtbühne geschaffen. Von den vielen sehenswerten Kirchen sei lediglich die katholische *Pfarrkirche St. Lorenz* genannt. Sie wurde 1652 bis 1666 gebaut. Den Plan für diese erste frühbarocke Kirche, der ersten in Süddeutschland, fertigte der Vorarlberger Baumeister Beer an, die Ausführung war Johann Serro, einem Graubündner, übertragen.
Die westlich an die Kirche grenzende *Residenz*, zu der ein Verbindungstrakt besteht, ist ebenfalls ein Werk von Beer und Serro. Die beiden schufen einen Barockbau, dessen Innenräume, wie Prunkzimmer und Thronsaal, neben denen der Münchner Residenz zu den Höchstleistungen des süddeutschen Rokoko zählen.
Von dem vielen, was noch zu nennen wäre, greifen wir nur einiges heraus: Da ist das *Rathaus*, 1368 als Fachwerkbau, 1474 als Steinbau errichtet, mit Treppengiebel und einem Zwiebelturm versehen, den ein Trompetenmännle krönt; dann gibt es den *Rathausplatz* mit stattlichen Patrizier-

häusern, den *Londoner Hof* mit der schönsten Rokokofassade der Altstadt, eine gotische Häusergruppe aus dem 15. Jahrhundert, das *Neubronnerhaus* mit spätbarocker Fassade, das *Kornhaus* mit dreistöckigem Volutengiebel, die *Königschen Häuser* mit der einzigen barocken Fassadenbemalung der Reichsstadt, den *Archäologischen Park »Cambodunum«*, das *Stadttheater* im ehemaligen Salzstadel, das *Allgäuer Heimatmuseum* im Kornhaus mit reichhaltiger heimatkundlicher und stadtgeschichtlicher Sammlung und unter anderem auch eine umfangreiche Münzsammlung. Damit aber ist die Liste der Sehenswürdigkeiten längst nicht abgeschlossen. Kempten bedeutet erlebte Geschichte, Begegnung mit der Vergangenheit und mit dem modernen Allgäu von heute.

Die Weiterfahrt nach **Immenstadt** wird zum landschaftlichen Erlebnis. Immenstadt, so sagt man, sei die Pforte zum Allgäuer Bergparadies. Die Lage mit zwei Seen, dem Kleinen und dem Großen Alpsee, dazu das Bergland, in das die Stadt eingebettet ist, rechtfertigen den Ruf eines Ferien- und Wintersportorts, der mit Wandern und Bergsteigen, mit Sommer- und Wintersport ein reichhaltiges Angebot machen kann.
Der *Marienplatz* ist mit Schloß, Kirche, Kloster und Rathaus das Zentrum Immenstadts. Im einstigen *Schloß* der Grafen von Königsegg-Rothenfels, das 1550 erbaut wurde, sind heute Amtsgericht und Vermessungsamt, im stuckierten Rittersaal von einst mit Ahnengalerie ist die Städtische Bibliothek untergebracht.
Die *Pfarrkirche St. Nikolaus* wurde zwischen 1704 und 1707 dort neu errichtet, wo ein Brand ihre mittelalterliche Vorgängerin zerstört hatte. Nach einem Umbau 1907/08 blieb wenigstens ein Teil der alten Ausstattung erhalten, unter anderem eine Madonna aus der Multscherschule (1470) und Figuren wie die der Heiligen Rochus und Sebastian. Das einstige *Kapuzinerkloster*, das Graf Hugo von Königsegg-Rothenfels gegründet hat, zu dem auch die Kirche St. Josef gehört, ist im 17. Jahrhundert gebaut worden. Ein späterer Umbau hat zu einer neubarocken Fassade und einer neugotischen Ausstattung geführt. Vor dem Rathaus steht eine *Mariensäule*, ein Werk Johann Richard Eberhards. Sie wurde 1773 zum Dank für überstandene Pest gestiftet.

Die »Immenstadter Pforte« lenkt die B19 in Richtung Oberstdorf. Landschaftlich betrachtet treten wir in die traumhaft schöne Allgäuer Hochalpenwelt ein. Kurz vor Oberstdorf, im Tal der oberen Iller, liegt am Rand der B19, der Heerstraße des sommers wie winters anstürmenden Tourismus, **Fischen**. Interessant ist dort die *Frauenkapelle* mit ihrem achteckigen Tambourturm, die als Spätwerk Michael Beers besticht. Sie gilt als der erste Zentralbau einer Allgäuer Dorfkirche. Beer erlebte die Vollendung nicht, da er in der Bregenzer Ache ertrank. Das Werk führte sein Schüler Erasmus Braun zu Ende. Das Innere ist schlicht und harmonisch gestaltet. Es bietet mit dem Hochaltar, den ein Blatt von Johann Caspar Sing und Figuren aus der zweiten Hälfte des 17. Jahrhunderts eindrucksvoll gestalten, mit Seitenaltären, deren Figuren auf Johann Ludwig Ertinger zurückführen, mit Bildern von Paul Zeiller und von Nikolaus Weiß, mit einer Pietà nebst anderem viel Wertvolles. Das eigentlich Kostbare an Fischen ist seine herrliche Umgebung, ist die Landschaft, in die es jeden zieht, der einmal in Fischen Quartier genommen hat.

Gotisch gestaltet: das Kemptener Rathaus.

Die Stadtpfarrkirche St. Nikolaus in Immenstadt.

Wir verlassen Fischen in westlicher Richtung und fahren von Obermaiselstein den Riedbergpaß hoch. Der Paß fällt hinab nach **Balderschwang**, dem »bayerischen Sibirien«, wie es wegen seines Schneereichtums genannt wird. Am Ferienort Balderschwang schätzt man die vielen Wandermöglichkeiten, die zu leicht ersteigbaren Berggipfeln führen, und die verschwenderische Fülle, mit der die Natur wie überhaupt im Allgäu ihre Blumen, auch die seltenen, ins Weidegrün »stickt«. Es war deshalb selbstverständlich, den Allgäuer Hauptraum unter Naturschutz zu stellen, um der durch den enormen Tourismus drohenden Ausrottung begehrter Blumenarten zu begegnen. Eine botanische Rarität in der Umgebung Balderschwangs ist eine 400 Jahre alte Eibe. Balderschwang ist als Wintersportort Garant für eine lange, schneereiche Saison und bietet die Möglichkeit für Skitouren aller Schwierigkeitsgrade, weswegen dort zur Zeit der Schneeschmelze das touristische Karussell auf vollen Touren läuft. Von Balderschwang aus geht's nach Oberstaufen. Ein Teil der Strecke führt durch das österreichische Vorarlberg.

Oberstaufen liegt von Steibis aus gesehen auf der jenseitigen Anhöhe des Weißachtals. »Stoufen des pago Albegewe«, so lautet die erste urkundliche Erwähnung aus dem Jahr 868. Der Ort, der bereits 1453 das Marktrecht erhielt, unterstand im 13. Jahrhundert den Schellenbergern, vom

Ein malerisches Bild: Der Bannwaldsee mit seinen verschilften Ufern vor dem Hintergrund der Füssener Berge.

14. bis zum 16. Jahrhundert den Montforts und dann bis zur Säkularisation den Grafen von Königsegg-Rothenfels.

Von zwei einschneidenden Ereignissen berichtet die Ortsgeschichte: Vom Bauernaufstand im Jahr 1525, dem das 1311 erbaute Schloß der Montforts zum Opfer fiel; und von der Pest im Jahr 1635, der 700 Oberstaufer erlagen. Darauf führt der Brauch zurück, jährlich am Fastnachtsdienstag einen Umzug zu veranstalten. Unabhängig davon feiert man am Faschingssonntag den Glumpigen Donnerstag mit einer großen Veranstaltung für die Kinder.

Kulturgeschichtlich ist Oberstaufen selbst weniger interessant. In der *Pfarrkirche St. Peter und Paul* verdienen eine überlebensgroße Kreuzigungsgruppe und in der Stadt der *Pfarrhof* und der *»Gasthof zum Löwen«* Aufmerksamkeit.

Anders dagegen ist es im Ortsteil Zell, der nördlich von Oberstaufen liegt und aus acht Bauernhöfen besteht. Das *Kirchlein St. Bartholomäus* dort ist ein Schatzkästchen mittelalterlicher Kirchenkunst. Im Chor fallen die Wandmalereien, zwei Bilderzyklen, die das Leben der Muttergottes und die Leiden der ersten Blutzeugen des Christentums darstellen, ins Auge. Aufmerksamkeit gebührt auch den Altären, darunter einem Hochaltar, der von Hans Strigel d. Ä. stammt, und den holzgeschnitzten Figuren der Altäre. Das Kirchlein stammt aus dem 14. Jahrhundert und wurde im 15. Jahrhundert um den Chor erweitert; Eingriffe, die im 19. Jahrhundert vorgenommen wurden, wirken eher beeinträchtigend.

Nicht allzuweit entfernt treffen wir in **Genhofen** nordwestlich von Oberstaufen auf eine ebenfalls sehr interessante *Kapelle*, die heute noch Rätsel aufgibt, auf die bisher keine Antwort gefunden wurde. Man weiß immer noch nicht, was die Wandmalerei mit den magischen Zeichen, dem Davidsstern, dem Hakenkreuz und mit Jagdszenen, wie man sie in steinzeitlichen Höhlen gefunden hat, bedeuten sollen. Zusammen mit der übrigen Ausstattung, mit Altären von Adam Schlanz, mit holzgeschnitzten Figuren, mit einem Astkreuz aus dem 15. Jahrhundert, macht die Kapelle einen originellen Eindruck und ist von allen, die wie sie an der alten Salzstraße von Hall in Tirol zum Bodensee liegen, die bedeutendste.

Oberstaufen hat 1959 als einzige Gemeinde der Bundesrepublik die Anerkennung als Schrothkurort erhalten, zehn Jahre später die als heilklimatischer Kurort. Der Bogen der Heilanzeigen reicht von Herz- und Kreislauferkrankungen, Rheuma, Drüsenfunktionsstörungen, Hautleiden, Erkrankungen der Atmungswege, des Magens und Darms bis zu Augenkrankheiten. Die Schrothkur wurde vor 70 Jahren in Niederlindewiese von Johann Schroth entwickelt und 1948 von Dr. Hermann Brosig in Oberstaufen eingeführt. Hinzu kommen noch Kneipp- und klassische Badekuren. Oberstaufen ist mit 5000 Betten, zwei öffentlichen Hallenbädern, zwei beheizten Freibädern, einem Schwefel-Wasserhallenbad, mit Hotels, zu denen ein Hallen- oder Freibad gehört, mit Saunas, Solarien, Fitneßcentern voll auf Kuren eingestellt. Daneben besitzt es Anlagen für verschiedene Sportarten und trägt auch dem Wintersport voll Rechnung. Zählt man zu allem noch ein weitgespanntes Unterhaltungsprogramm, dann wird verständlich, warum der Ort in der Touristik einen guten Klang hat.

An einer Landstraße nach Isny nördlich von Oberstaufen liegt **Grönenbach**, ein Erholungsort für solche, die Ruhe und Entspannung nicht nur vom Alltag, sondern auch vom Massenbetrieb suchen. Dafür bürgt Grönenbach, eine Idylle in hügeliger Voralpenlandschaft, im Frühjahr umgeben von der Blütenpracht zahlreicher Obstbäume. In der spätgotischen *Kirche St. Otmar* sind eine Kreuzigungsgruppe aus dem 15. Jahrhundert und Grabsteine der ehemaligen Ritter von Laubenberg die Sehenswürdigkeiten. Unsere Rundfahrt endet dort, wo der Pulsschlag Allgäus wohl am stärksten fühlbar ist, in Kempten.

Blick über den Peißenberg, die Ammerberge und die Allgäuer Alpen bis zu den Gipfeln am Bodensee. Geographisch verläuft hier am Auerberg die Grenze zwischen den Regierungsbezirken Schwaben und Oberbayern.

Register

Kursive Ziffern verweisen auf Abbildungen.

Personenregister

Orts- und Sachregister

Bildnachweis
Michael Boyny, München, S. 2/3

Karte: Astrid Fischer-Leitl, München.
Bildgestaltung: Joachim Hellmuth
Lektorat: Christa Klus
Layout: H. Leonhard Guha
Umschlaggestaltung: Heinz Kraxenberger, München
Herstellung: Gabriele Kutscha
Druck: Ajanta Offset, India

Die Deutsche Bibliothek – CIP-Einheitsaufnahme
Ein Titeldatensatz für diese Publikation ist bei der Deutschen Bibliothek erhältlich.

ISBN 3-86517-059-5